心の鍵を外したら、恋も仕事も思い通り

私、会社辞めてタレントになりました

堀田真代

みらい PUBLISHING

目次

Contents

プロローグ　10
・「私、夢の中にいるんだ！」　10
・「君には手錠がかかっているよ。君の手錠を外す鍵はどこにいったの？」ベストセラー作家の一言で私は自分の人生は自分で決めていいと知りました。　14
・名古屋の名物社長ジャニーさんに「お前はちゃらんぽらんを極めろ！」と言われて、「ねば子」「べき子」をやめました。　17
・恋人を愛するよりも「自分を愛する」と決めたら、理想の恋人に出会いました。　22

First Key 第1章

自分のことを知る鍵を見つけましょう！
まずは、自分を好きになるための最初の鍵

・「This Is Me」～私は私なんだ！ 30
・あなたはひまわり？　それとも胡蝶蘭？　あなたという花を美しく咲かせ続けるために 33
・自分にも言ってあげるといい言葉 35
・ありのままが最強だということをユリの花から学ぶ 37
・喜怒哀楽をシェイクしてマイライフを満喫しよう！ 39
✿あなたにかけられている手錠は？　あなたの手錠に気づくワーク 42

Second Key 第2章

自分の本当の夢や希望を具体的に見つけていきましょう！

あっ、私の本当の夢はこれだったんだ！ を見つける鍵

・大企業に勤めることって本当に幸せ？ 50
・本当の夢や希望を見つけるちょっと面白い2つの方法 53
・今日、あなたは何にトキメいた？ 55
・トキメキ探しをすると、小さな夢が大きな夢に繋がっていく 57
・究極の夢探しをするための大切なポイント 59
・本当の夢を見つけることができたら、どうなるか？ 63
・あなたのステージに合った望みや人脈が引き寄せられる理由 65
・夢を運んできてくれるのはやはり〇〇です！ 67
・焦らなくても大丈夫！ ゆっくり自分と向き合いながら夢を叶えていこう！ 69
✽願いを叶えるトキメキワーク 71

Third Key

第3章

夢を確実に現実に手に入れましょう
夢を加速させる鍵

・夢の方から近づいてきてくれるようになるには？　77
・夢をさらに加速させよう　79
・私がタレントになったきっかけ　81
・運や努力よりも必要な、たった一つのこと　83
・ワンピースよりもTシャツとデニムから始めよう！　85
・夢を叶える途中で壁に当たったら……　86
・それでも、心が折れてしまったら　88
・ドリームキラーはあなたの本気度を試している　89
・起こる出来事は全てあなたへのプレゼント。夢のパズルが完成する瞬間　92

Fourth Key 第4章

夢や希望を叶えるために、神様に味方になってもらいましょう！
スイスイ物事が上手くいく！　運を味方に～神様に味方になってもらう鍵

・直感を信じて行動を起こす人が運を制する！　97
・運に味方される人はどんな人？　99
・食を整えると運も整う　100
・感謝が幸せスパイラルを巻き起こす！　103
・今日の良いこと探しで引き寄せ力アップ！　104
✿引き寄せ力がアップする感謝ワーク　106
・ホテルのラウンジで富のエネルギーをもらう　107
・人生の波に乗る方法　108
・運はただ待つのではない。全部捕まえろ～♪　110
・願いごとは、完了形でキメる！　111
・占いに決定権はない　114

Fifth Key 第5章

夢と一緒に自分史上最高の恋を手に入れましょう！
愛の奇跡を起こす鍵

・自分史上最高のパートナーを引き寄せるために最初にすること 120
・仕事からも彼からもラブコールをもらっちゃおう♡ 123
・あなたにかけられている手錠の正体を知ろう！ 手錠を外して運命の恋に出会う 124
・愛されて当然と思えたあなたに奇跡が起こる 127
・年齢を重ねることは、綺麗が蓄積されること 128
・王子様の席は予約席にしておく 130
✿理想の愛の形を、思う存分書き出してみよう♪ 王子様のワーク 132
・あなただけの王子様を引き寄せるしくみ 138
・あなただけの王子様はあなたが心から輝いた時に恋をする 141
・すっぴんの恋はモテる 142
・愛のバロメーターを大切に！ あなたの愛のタンクを満たすコツ 144

Last Key 第6章

夢が叶えば、もう、人生思い通り！ 次のステージへ！ 新しい扉を開く鍵

・今が満たされると次のステージの扉が開く 148
・トキメく未来を描いて、さぁ、あなたのステージの鍵を見つけよう！ 153
・願いが叶うカラクリ、決めたら叶う法則～幸せになると決めた人に幸せはやってくる～ 155
・魔法の言葉を心の中でそっと唱えてみて 157
・神様は天才脚本家～起こっていることは全て必然～ 158
・進むべき道は自分の心が知っている～あなただけの幸せの定義を決めよう～ 159
・あなたが主役のハッピーストーリーを作ろう♪ 160
✽願った以上の未来を叶えるワーク 162
✽3年後のあなたからのメッセージワーク 164
・さぁ、とびっきりのあなたに会いに行こう 166

あとがき　170

プロローグ

「私、夢の中にいるんだ！」

その日は、いつにも増してドキドキが止まりませんでした。ずっと憧れていたあの人がゲストの日。私は、溢れそうなくらいの喜びをかみしめていました。

真代のプレシャス・デリシャス・デリバリー♪
皆さん、こんばんは。

水曜の8時になりました。
お相手させていただきますのは、堀田真代《ほったまよ》です。

さて、この番組は皆さまに私がお勧めする上質で美味しいをテーマに毎回、食のスペシャリストのゲストをお迎えさせていただきます♪

この時、憧れの人を目の前に思ったのです。

「私、夢の中にいるんだ！」

夢って本当に叶うんだって。

＊＊＊＊＊＊＊＊＊＊＊＊＊＊＊＊＊＊

初めまして。堀田真代です。

私は現在、名古屋でタレントをしています。

司会やラジオのパーソナリティ、料理コンテストの審査員やＣＭの仕事などマルチに活動しています。そうお話しをすると、子どもの頃から養成学校や声優学校に通ってタレントをしていたように思われるかもしれませんね。

それが、数年前まではフッウのＯＬだったんです。

そして、タレント事務所に入った時の私の年齢はなんと！！！　36歳。

タレントは、これからの可能性を考え、デビューは早ければ早いほどいいといわれています。20代でデビューしても遅いといわれているようなところで、36歳でタレントになるなんて、無謀な挑戦であり、聞いたことがないとよくいわれます。

それに、私は他の人のように小さい頃からダンスも歌も習っていませんでした。もちろん、演技なんてしたこともない。声優学校に行ったことなんてない。人前ですら話をすることに慣れていない。何の経験も人脈もありませんでした。

それは例えるならば、バースデーケーキのろうそくを子どもの頃は一息で吹き消すことができたのに、ろうそくの本数が増えるほど一息で消すことが難しくなるようなもの。

歳を重ねるほどに夢への扉の入口は狭くなります。

でも私はその扉を開けたのです。

前代未聞のタレントデビューを経て、CM、司会、ナレーションなど、多くの夢を叶えました。きっと何年か前の私が知ったら、とっても驚くでしょう。きっと「どんな魔法を使ったの？」って言うかもしれません。

以前の私は企業で働くOLで、したくない仕事をしていることに大きなストレスを抱えていて、毎日会社に行くことが本当に嫌でした。好きな仕事をしている人は特別と、現状に諦めを感じ、そんな自分にいつもうんざりしていました。

そして、いつも「会社を辞めたい」、「会社を辞めて早く結婚したい」が口癖で、どこか生きにくさを感じていました。性格もきっちりしなければいけない、完璧を求めいつも自分を責めてばかりの「ねば子」ちゃん。人の話は真剣に聞かなければいけない……。いつも笑顔でいなければいけない……。私は自分の意見や自分らしさより、人の顔色を見ながら、人の期待に沿えるよう正しく生きていくことに必死でした。身体が弱くて大事にされて育ったこともあったので、両親にはこれ以上の迷惑はかけないように、いつの間にか両親が喜んでくれるような大人になる生き方、誰からも気に入られるための生き方をしていたんですね。

私の人生、どこかおかしいと感じながら、そんな人生がずっと続くと思っていました。

そんな私が大きく変わるきっかけになったのは、あるベストセラー作家さんとの出会いでした。

「君には手錠がかかっているよ。君の手錠を外す鍵はどこにいったの？」ベストセラー作家の一言で私は自分の人生は自分で決めていいと知りました。

ある日、私は友達に誘われてある交流会に参加しました。その時、私は驚きの光景を目にします。それは、社長や経営者など様々な職業の人が生き生きと楽しそうにお話しする光景でした。私は皆さんの様子に目がくぎづけになりました。

キラキラしていて、すごくみんな楽しそう！

素敵！　私もこの世界に入ってみたいな……♪

人生に成功しているであろうここにいる人たちは、どんな生活をしているんだろう？

私は、興味津々でその人たちを見つめていました。

そんな中、その交流会の主催者であるベストセラー作家の方とお話をする機会が訪れました。

「私は会社が本当に嫌なんです。でも辞められないのです……」

そう伝えると、その方は私にこう言ったのです。

「君には手錠がかかっているよ。君の手錠を外す鍵はどこにいったの？　その手錠はどうやったら外せるの？」

ドキ……

私の心臓は作家さんに聞こえそうなくらい大きな音を立てていました。言われていることが、自分でも何のことなのか、手錠が何を指しているのか、私はすごくよくわかったんです。

そう、私の行動を縛りつけているものは何なのか……。

気がついたら、私は自分の腕をじっと見つめてしまいました。

ここでいう、「手錠」とは、私を縛りつけているもの。自由を奪っているもののことです。行動であったり自由を制限しているもの。思い込みや心のブレーキのことをいいます。

ベストセラー作家の方は、「～しなければいけない」、「～べき」など、がんじがらめになっている私のことを一瞬で見抜いたんですね。

私はこの手錠を外すにはどうしたらいいのか考えました。人生を変えるために、すぐに行動しようって決めました。今までの頑張りも経歴も親の意見も全て手放す覚悟をして、その勢いのまま次の日に上司に退職願を出したのです。

もちろん、皆が大反対しました。上司からも考え直せないかと言われました。この会社にいれば将来、安定するかもしれないけれど、私は会社を辞めることにしました。人は環境が変わったり、大きなものを捨てると思い込みや自分の固定観念に気づくといいます。私の手錠が外れるきっかけとなったのは、大企業の社員としての安定を捨て自由を選んだこの瞬間かもしれません。

名古屋の名物社長ジャニーさんに「お前はちゃらんぽらんを極めろ！」と言われて、「ねば子」「べき子」をやめました。

私は名古屋のタレント事務所に所属しています。

社長はとてもユニークな方で、お会いすると毎回ためになるお話をしてくださいます。演技のアドバイスをいただくこともあったり、私にとっては、ジャニーズ事務所元社長のジャニーさんくらいのインパクトがある方です。だから、勝手に名古屋のジャニーさんと心の中で呼ばせてもらっています。

入所して間もない頃、事務所に社長がいらっしゃって、皆さんがいる前で私に真っ直ぐ向かって、こうおっしゃいました。

「いいか！　堀田。お前はちゃらんぽらんを極めろ！」

私は、

「○△□＊＊＊？？？＊」

何を言っているか自分でよくわからないくらい動揺したのですが、社長は聞く耳をもたず、こう続けました。

「いいか、上手くやろうとしなくていい！　お前はちゃらんぽらんしていたらいい。お願いだから綺麗にやろうとしないでくれ。お前はこのなんだかよくわからんキャラで許されるから、そのまんまでいけばいい」

でも、周りの事務所の方には、「お前たちはしっかり間違いないようにやるように！」と、話されていました。

社長の言っている「ちゃらんぽらん」、それは、一体何……!?

少し悩みましたが、よく言われるこんな言葉を思い出しました。

「堀田さんって、力が抜けて自然体なところがいいね」
「いつもナチュラルだね」
「堀田さんは、いてくれるだけで和むね」

私の周りは、どこを見渡しても綺麗な人ばかり。事務所に入った時は、私もあの人たちみたいに綺麗になりたいと思っていました。

しかし、オーディションなどが続く中で気づいたことがあります。私の周りには、綺麗な人はいっぱいいます。私だって女優の北川景子さんになれるものならなりたいです！　でも、どんなに努力しても、私は北川景子さんみたいに美しくなれるわけではない。そしたら、私は私の魅力やいいところをたくさん知って、最大限に出してみよう！　もう、私は私でいよう……。

だから、私はそのままの私を表現しようと。私のままが私の個性なのだ。このちょっと抜けているところが強みなんだと。

自分では直さなくてはいけないと思っていたところも自分のキャラとして認めていいのだと。そう思ったら、いい具合に力が抜けて、それから私は上手に綺麗な声で話そう、うまくやろう！　周りに気を使わなくちゃ！　ということをあまり考えなくなりました。もちろんやることはやるのですが、気負わずに仕事をすると、楽しく仕事ができるし、スタッフさんも、とっても嬉しそうなのです。

これがもし、私がいつも100点満点を目指すためにピリピリした雰囲気を出していたら、スタッフさんにもそれが伝わってしまい、楽しいものも楽しくなくなってしまうでしょう。

ホッとするような親近感が私らしさの一つでいいのだと、自分でようやく気づいたのです。

「天然だ」と言われることも、今までは、そんな部分を仕事で見せてはいけないと必死でした。ダメな部分を何とか見せないために、たくさんの資格を取って、何かを自分にプラスした気分になってはまた、別のセミナーやレッスンに通ったりしていました。それでもまだ足りなくて、上手くいかないのは頑張りが足りない、もっと学ばなくてはいけない。その繰り返しで、どうしたら上手くやれるようになるのかということばかり考えていたのに……。

そう、答えはもうすでにあったのです。

完璧主義をやめて、自分はこれでいいのだと認められるようになってから、変化が表れました。周りがいつの間にか正直でとても優しい人ばかりになってきたのです。

「いい加減」という言葉を使うことがありますよね。通常は、「あの人は、いい加減だ」とか「いい加減にして！」と使うのですが、いい加減の意味というのは、自分にとっての「ちょうどいい加減」という意味だそうです。社長は「いい加減」のゆるさがお前のキャラだと伝えたかったのだと思います。

恋人を愛するよりも「自分を愛する」と決めたら、理想の恋人に出会いました。

・いつも笑顔でいなければいけない
・好かれるような振る舞いをしなければいけない
・女性は男性に合わせるものだ

私は恋愛でも、「～べき」、「～ねば」がたくさんあり、本当の自分を出してお付き合いをしていなかったので、最初はお付き合いも上手くいくのですが、続けるうち、だんだん違和感が出てしまい結局別れてしまうということがありました。

でも、私は本当に心からわかり合える関係を、ずっと探していました。

これも絶対妥協したくない！　強く思いました。だから、私はそのままの自分の気持ちにしっかり従おうと決めたのです。

食事に誘われても、最初は断ると悪いかなと思っていましたが、嫌なものはやんわりお断りしたり、行きたくないものは行かないことを貫き、人に合わせることをやめました。以前は、この人といるとメリットがあるからと思って、お付き合いしていた関係もあります。でも、自然とその関係は無くなっていくようになりました。

会社を辞めて数ヵ月経ったある日、以前お付き合いをしていた人に偶然再会した時、「前より力が抜けたね」そんな風に言われたので、もしかして少し変化が出てきたかな？　もしかして出会いはもう近くに来ているのかな？　そんな気がしていました。

それから更に数ヵ月経ったある日、私はある男性と出会いました。彼は、まさに理想の男性でした。彼に初めて会った時、なんだか懐かしい気持ちがしました。彼も、私に初めて会ったとは思えない、そんな風に言ってくれました。私はその人には、出会ったその日からありのままの自分を出すことができました。昔の話、家族のこと、仕事のこと、私はどんなことでも彼に話しました。

彼は、どんな私も面白いし、天然で不思議なことをいきなり言い出す私も可愛いと言ってくれました。どんなことも否定せず、いつも私のためになることを考えてくれました。いつも優しく見守りながら、応援をしてくれました。本当にありのままの私を愛してくれる人が現れたのです。私がありのままだったから、彼に出会えたのかもしれません。

素敵なホテルのレストランでゆっくり食事しながら、彼は私にビジネスに対する思いも聞かせてくれました。彼は、時間を大切にし、スピードと行動力が圧倒的でした。常に新しい視点を持って新しい選択をしているのです。彼からは揺るぎない自分軸に従って進むことを学びました。

思い通りの人生を送ることができるようになってわかったことは、人生を大きく変えるには、ちょっとしたコツがあるということです。

この本では、思い込み・固定観念の手錠をかけられてガチガチに動けなかった私が、手錠を外し、実際に自由になって夢を叶えるまでを、経験を交えながら惜しみなく書きました。

1章（First Key）から6章（Last Key）まで、

・本当の私は何を求めているのか？　本当の私を知る鍵
・本当の私を知ることができたら、本当の夢を見つける鍵
・夢を加速させる鍵
・さらに、夢を現実にするために神様にも味方になってもらう鍵
・今回で最後の恋愛にするための鍵

・最後は、思い通りの人生にするための鍵

夢を叶えていく順に6つに分けて構成されています。

さらに、読んでくれた方が実際に取り組めるようにワークをつけています。

・人生をもっと輝かせて、トキメくような毎日を送りたい
・私には、もっと素敵な思い通りの人生があると信じている
・最高の恋と仕事に巡り合いたい
・年齢を言い訳にしたくない！

そんな方はぜひ、この本を活用して夢を叶えてください。私ができたのだから、あなたも大丈夫です！　ぜひ実践してみてくださいね。

First Key

自分のことを知る鍵を見つけましょう！
まずは、自分を好きになるための最初の鍵

第1章

あなたの子どもの頃の夢は何ですか？
看護師さん？
会社の社長？
花嫁さん？
歌手？
パン屋さん？

子どもの頃は夢をどんどん言えたのに……
いつから夢を語るなんて恥ずかしい……
そう思うようになったのでしょう。

幸せは一体、どこにあるの？
そうずっと思っていた。

でも、どこを探しても見つからない。

だから、私は
いつも私の手を大きく広げて
自分で自分の夢を掴《つか》みに行こうと決めた。

人生は何歳からでも挑戦できるから。
まずはあなたの夢を思い出して！
夢への一歩を踏み出すこと。
きっと、その一歩が奇跡を呼んでくる。

「This Is Me」〜私は私なんだ！

「もっと、生徒会長らしく、皆の見本でいなさい」

「学級委員なんだから、もっと学級委員としての自覚を持ちなさい」

学校の先生にそう言われ続けてきた私は、子どもの頃から「○○らしく」「誰かの見本となるように」と外の目を気にしてばかりいました。そのせいでパーフェクトである生き方をいつも探していたのです。

だからずっと、自分の理想の人になるための「何か」を身につけて初めて立派な大人になれると信じていました。けれど、その「何か」の正体がわからなくて、いつも苦しんでいたのです。

かつての私のように、周りに何かを期待されている、期待に応えなければいけないと、知らず知らずのうちに親や他人の期待に応えるような言動、振る舞いをしてしまっている人って多いと思うんですよね。

私も、その期待に応えることが、「自分の価値」だと思っていました。それができなければ、自分には価値などないとすら、思い込んでいました。当時の私はなぜ、理想の自分になれないのだろうと、自分を責めてばかりいました。だから私は子どもの頃からずっと劣等感でいっぱいでした。

そんな私の人生が変わり始めたのは、一つの映画に出合ってからでした。

『グレイテスト・ショーマン』

とても有名な映画なので、ご存知の方も多いと思いますが、この映画の中で「This Is Me」（これが私だ！）というフレーズがあります。主人公は外見や顔にコンプレックスがあるけれど、そんな自分を認め、ステージに上がって堂々と自分を表現する姿はとても感動する場面でした。

私は、その主人公の姿を見て、「これが私なんだ！」と腑《ふ》に落ちたのです。いつも素敵な誰かと比べて落ち込んでいた、そんな私は今日で卒業することを決めたのです。その時、私は映画に感動した涙と、私は私でいいのだと思えた嬉しさで涙が止まりませんでした。

完璧じゃなくてもいいし、毎回１００点満点を取ろうとしなくてもよいのです。大切なのは、どんな自分でも自分だと認めて精いっぱいやり切ること。

だって、世界中どこを探してもあなたは一人しかいないのです。あなたが他の誰かになることはできないし、他の誰かもあなたになることはできない。

だから、みんな同じ。
コンプレックスのある私も私だと、抱きしめながら生きればいいのです。

それに、ありのままで成功して幸せになることの方が、価値のある人生になるんじゃないかな？　と思うんです。だから、あなたがあなたであることはとっても意味があること。

あなたは、世界に一人しかいないことをしっかり覚えていてくださいね。

あなたはひまわり？　それとも胡蝶蘭？
あなたという花を美しく咲かせ続けるために

自分のことを少しだけ認めることができるようになれた私は、少しずつ自分が変わっていくことを感じていました。そうするとお仕事でも「また、堀田さんにお願いしたいです」と、言ってもらえるようになってきたのです。


「なぜそんな風に思われるのですか？」

私は勇気を出して聞いてみました。

すると、

「イメージが求めていたものだった」

「とても安心する声だった」

そう言ってもらえることが、増えてきたのです。

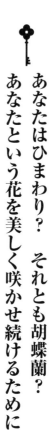

私は、自分の役割（居場所）は必ずあり、自分に合う仕事は必ずあると信じています。

例えば、事務の仕事を正確にできる方もいれば、ビジネスを自分でする方が合っている人、その経営者を2番手として支えることが合っている人もいたり、私のように人前で話をすることが好きで、それを仕事にしている人もいます。人にはそれぞれ役割があって、心から楽しいと思える仕事は必ずあると思うのです。今、そう思えていないとしたら、もしかしたら、他の職業が合っているのかもしれません。

スマップの代表曲に『世界に一つだけの花』という歌がありますね。この歌の歌詞が私は大好きなんです。

この歌の歌詞に例えていうなら、花はとても美しい、どの花も美しいのです。ありのままの自分を認めていないのは、ひまわりの私が胡蝶蘭になりたいと頑張るのと同じこと。そもそも種が違うのに別の花になろうとしている自体難しいのです。大事なことは、人と比べることではありません。他人のことに気をとられていたら、それは自分の道を進むことに集中していないことになります。

そんな人は、もう一度自分はどんなことをするのが得意で、何をしたいのか、考えてみてください。必ずあなたの役割はあるので、ぜひこの本で一緒に見つけていきたいと思います。

自分にも言ってあげるといい言葉

あなたの友達がちょっとした失敗をした時、何という言葉をかけてあげますか？
「いいよ、いいよ。それくらい大丈夫」って言ってあげませんか？
結局、それってみんな同じなんですね。
私もあなたもです。
だから、例えばあなたが失敗しても、間違えてしまっても、

「いいよ、いいよ。それくらい頑張っているよ」
と、あなたも自分に言ってあげて欲しいんです。

何でも完璧にしなくてはいけないと思っていた以前の私は、ちょっとでも失敗すると、何でこんなことできないの！　皆ができているのに、自分だけできないなんておかしいよね？　と、すぐに自分を責めていました。それが少しずつ積もって、自分のことがどんどん嫌いになっていました。自分を責め過ぎて、もう、表に立ってはいけないんじゃないか？とまで思っていたこともあります。

ただ、ちょっと考えてみてください。

あなたを一番応援しているのは、誰でしょう？　紛れもなくあなたですよね。あなたしかいませんよね。

あなたが応援しなくて、一体誰が応援するのでしょうか？

誰も応援してくれなくても、あなたがしっかりあなたを信じて応援していればいいんじゃないですか？　そうすれば、気持ちが強くなって、これからどんどん前に進むことができますよね。

自分を信じて前に進む。
これからも色んなことがありますよね。いいこともあれば、辛いこともあるでしょう。でも、どんな時もあなたがあなたの一番の味方になってあげてくださいね。

ありのままが最強だということをユリの花から学ぶ

ピンクの大きなユリの花。自宅に帰るといつも私を迎え入れる存在です。玄関に飾ってあるユリの可愛いピンク色と香りが、いつも、私を優雅な幸福感に包んでくれるのです。ただそこに在るだけで癒やされて、パワーチャージされたりするのも、ユリがユリそのもの、つまり、「ありのまま」だから。

私たちはありのままの自分ではいけなくて、そこにすごい何かを身につけて、素晴らしい人間にならないといけないと思って生きているところがありますが、力を抜いてリラックスした「ありのまま」のあなたこそ、相手の心を癒やすことができて惹かれるのです。

今、ものすごいスピードで時代が変化しているのを、皆さん感じられていると思います。新型コロナウイルスの影響で、これまでの常識は次々と崩れて、何が正しくて何がいけないのか、基準が自分自身に委ねられるようになりました。だから、どうしたらいいのかわからなくなってしまっている方も多いのかもしれません。

私は「自分の本当の幸せの定義」について考えさせられる時間だったと感じています。

これまでの良い大学に入って大企業に就職すること、安定した職業の人と結婚することなど、社会や親が言っている幸せの定義に自分の幸せを合わせて、それに外れてしまうと幸せではない。なんて定義は無くなって、これからの時代は「ありのまま」が素敵！　ということが当たり前になっていくと思います。

仮面を被っていては自分の心の声が届かない、そんな気がするんです。

自分には足りないものは無くて、頑張って身につけようとしていたものは幻想で、もうすでに全部自分の中にある。自分のありのままの魅力に気づいてくださいね。

喜怒哀楽をシェイクしてマイライフを満喫しよう！

私はつい数年前まで自分の気持ちを見ないように生きていました。嫌だと思うことがあっても、ここは無理に笑っておけばいいのだと、相手の顔色を気にするあまり、自分の気持ちを無視していたように思います。

特に怒りという感情はいけないことで、怒ってはいけないと思っていたし、悲しいと思っても早く元気にならないといけないものだと思い込んでいたのです。特に辛い時は感情を見ないふりをして、気持ちに蓋《ふた》をしていました。良い人でいないといけないというその想いが、偽りの自分を作り上げていました。

ある時、友人に相談したら、自分がどんな気持ちでいるのか、しっかり感情と向き合うことはとっても大切なんだと教えてくれました。自分の心を静かに観（内観し）て、自分の気持ちと向き合うと、深いところで自分の気持ちを知ることができるということを聞きました。

自分の心を観ることとは、最初は手探りで、とっても怖かったです。観ようとしても気が散ってしまい、雑念ばかりが出てきてなかなか観えないこともありました。でも、時間をかけて感情としっかり向き合うことで、本当に自分はどうしたら幸せなのか、どうしたら自分らしく生きられるのか、内観は自分の感情を知るサインなんだと知って、内観することで、自分の感情をその時その時で確認するようになりました。

自分が自分に対して思っていることを反映しているのが、私たちの今体験している世界そのものです。感情って本当の自分の気持ちに気づくヒントで、自分から自分へのプレゼントです。だから、どんな感情も自分の感情なのだと認めてあげることが大切。これこそが幸せに生きられる鍵。嫌だなんて突き放さないで、どんな感情もあってていいのです。

喜びも
怒りも
悲しみも
楽しさも

たくさんの感情を味わうことができるから、人生を豊かにしてくれているんですよね。たくさんの感情を知っているから、他の感情の良さも深まる。だって、怒ってばかり、泣いてばかりもちょっと寂しいし、喜びも悲しみがあるからわかるというものではないでしょうか？　だから、喜怒哀楽はとっても大事。

そして、忘れてはいけないのが、私たちは大人の女性ですよね。いっぱい色んな経験をして、色んな思いを味わって、人の気持ちがわかる女性になった方が女性としてかっこいいですよね。

だから、喜怒哀楽をシェイクしてマイライフを満喫しましょうね！

✿あなたにかけられている手錠は？あなたの手錠に気づくワーク

今の生活に満足していない、私の人生はこれでいいのかな？　と思っている方に、その自分の行動を縛っているモノ、つまりあなたの「手錠」は何かを考えてみてください。そして手錠を外した後、あなたの人生はどんな世界になっているかを想像してみてください。

①あなたにかかっている手錠はどんなことだと思いますか？　思いつく限り、たくさん書いてみましょう。

②あなたはその手錠をどんな方法で外しますか？　どんな方法なら外せると思いますか？

③その手錠を外したとして、本当はどんな風に生きたいですか？　思いつく限り、たくさん書いてみましょう。

さて、ここで1章は終わりです。この章で、世界に一人しかいないあなたは、あなたのままでいいということをわかっていただけたでしょうか？

次は、あなたの心の中にある本当の夢を探っていきたいと思います。あなたの夢は何ですか？　一緒に夢を見つけていきませんか？　夢が明確な方は読み飛ばしていただいてもOKですよ。

Second Key

自分の本当の夢や希望を具体的に
見つけていきましょう！
あっ、私の本当の夢はこれだったんだ！
を見つける鍵

第2章

一体何のために生まれてきたんだろう？

それがわからなくて……
でもどうしても知りたくて。

私はどんどん、自分の「好き」や「トキメキ」に
従った。

たくさん時間もかかったけれど、
いつの間にか
目の前には「大好きな」世界が
広がっていた。

まわり道したっていい。

あなたのその気持ちに素直になってみて。
不思議と色んなことが上手くいくようになるから。

あなたなら
その答えが
きっと見つかる。

大企業に勤めることって本当に幸せ？

ありのままの自分を認めると不思議なことが起こり始めます。

私は私でいいのだと思えると、周りの意見や周りの言葉に惑わされないので、誰かの意見ではなくて、自分の感覚を大事にできるようになってきます。そして、少しずつ自分の仕事に集中できるようになってくるのです。今、自分は何がしたいのか、本当の自分の望みや夢が自然と見えてくるのです。

でも、ちょっと気をつけてください。もしかすると自分のやりたいことをやっているつもりになっているだけで、実はエゴの望みを自分の望みだと信じ込んでいる場合もあります。

私は法学部を卒業していて、将来は弁護士になりたい。そんな風に考えていたことがありました。法律の勉強は大好きでしたし、ワクワクしました。でも皆さんご存知のように司法試験に合格することは、一筋縄ではいきません。それがわかった時、その望みは諦めてしまったのです。

弁護士を志した理由をよく考えると、

稼げそうだから
安定した生活を送ることができそうだから
両親が喜ぶから
認めてもらいたいから

向き合えば向き合うほど、そんな私の考えが見えてきたのです。私のように、これらの考えを基準にすると、本当の自分の望みから外れてしまうこともあります。「本当の自分の望み」は、自分が好きなこと、本当にやりたいことです。私はあまりに他人軸で考え過ぎていて、それを知るのにとても時間がかかりました。

いくら大企業に就職したとしても、成功してお金を手にしても、幸せではないという人が世の中にはたくさんいます。働く事情は人それぞれであり、生活もありますから、働くことはとても大事ですが、それはやはり心の底から本当の自分の望みを見つけていないからではないでしょうか？

でも、せっかくこうやってこの本を手に取って読んでいただけているのです。ですから、これをきっかけに本当になりたい夢や希望を見つけて、叶えることができると信じてください。前の章でもお話ししましたが、アフターコロナの、まさに今からは自分が本当に好きなことを仕事にしていく、そんな世の中になっていくと考えています。

見栄やはったり、表面的なお付き合いなどは、もう通用しないと思います。将来の安定なんて誰にもわからない時代になった今、一人ひとりが自分にとっての幸せを見つけて、本当の心に沿う生き方をしていく人が増えていくでしょう。一人ひとりが自分の夢に気づいて、それに向かって生きていくことができたら、どんなに素敵な世界になるでしょうね。

そう考えただけでワクワクしませんか？

私たちもステキな未来を一緒に見つけていきたいですね。

本当の夢や希望を見つける ちょっと面白い2つの方法

私は何十年も親の価値観を自分の価値観だと思い込んで生きてきました。しかし、それを自覚していないで、何か生きにくさを感じながら生きている人は少なくないと思うのです。

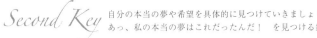

自分の価値観で生きていないと、本当の夢・希望がわからなくなっています。そこでこれから、本当の望みかそうでないか、見分けるポイントをお伝えしますね。本当の望みを知るポイントはあなたの「感情」に注目することです。感情とは、自然と湧き上がる気持ちのこと。喜び、楽しさ、嬉しさ、ワクワク、トキメキ、色々ありますね。

あなたがやってみたいこと、夢中になるくらい楽しいこと。トキメキ、嬉しい、楽しい……。そのような気持ちが湧き上がってきたら、それは本当のあなたの望みです。その気持ちに気づいたら、見逃してはいけません。これからはその気持ちを持続させながら、淡々と行動を起こしていくといいですね。

そしてもう一つ、本当の望みを知るために、ちょっと面白い方法があります。それは、先ほど出ていた感情とは真逆の感情です。悲しい、なんだか嫌い、嫉妬してしまう……。そんな気持ちもありますね。実は、嫌い、嫉妬する感情も「興味があること」をあなたに教えてくれているのです。例えば、「私もあんな風に自由に仕事をしたい！」という気持ち。それは、もうすでにそれを先にしている人に対して、嫉妬する感情なのです。「悲しみ」という感情をいつも冷たい言葉しかかけてくれない彼氏に対して感じていたのだとしたら、あなたが本当に望んでいることは、きっと「話し合うことができて、お互いを大切に思い合えるパートナー」だということです。

望みというのは、「モノ」ではなくて、安心感であったり、幸せ、嬉しい、その気持ちこそあなたが欲しいものだと考えています。自分の感情としっかり向き合っていけば、自分の幸せの道はおのずと見つかるものなのです。
ネガティブ感情もあなたの幸せに気づくサインです。心の中に湧き上がる「感情」で、あなたも本当の夢や希望をしっかりと見つけてくださいね。

今日、あなたは何にトキメいた？

前項では、自分から湧き上がる「感情」に注目すれば、本当の夢や希望が見つかるきっかけになるということをお伝えしました。今回は、一緒にトキメくものを探していきたいと思います。

今、私が一番トキメくものは、人とお話をすること、話を聞くことです。色んな方とお話をすると、こんな世界もあるのだと新たに発見することがあります。その発見から、また自分の世界にトキメキを混ぜ込んでいくこともあります。

本を読むことも好きです。一ページずつ本をめくるそのうちに、本の世界に引き込まれていきます。その世界に浸っていると、本の主人公になったつもりになってきます。そんなワクワク、ドキドキの時間はとても幸せです。

温泉に入って、ゆっくりするのも好きです。忙しい時間を忘れて、心を解く時間は大切ですよね。自宅でもお風呂にアロマやバスソルトを入れて、毎日香りを楽しむのも好きです。その日の気分で香りを変えることもトキメきます。

アフタヌーンティーも大好き。静かでゆっくりした時間が流れて、可愛いスイーツやバターの香りがするあたたかいスコーンを、コンフィチュールやクロテッドクリームといただく優雅なひと時。私にとって美味しいものとリラックスできる環境は、至福の時間です。

他には、スキンケアが好きで化粧品をいくつも試したり……。メイクをするより素肌が綺麗な方がトキメきます。

自分の感覚で、自分に合うものを選ぶということは、好きを知ることであり、本当の幸せを感じるということ。かつての私のように思い込み（観念）が強すぎたり、他では、SNSの情報を鵜呑みにしたり、友達の話に流されたり、何が好きで何にトキメくのかわからなくなってしまっている人もいるかもしれませんね。そんな人は頭で考えないこと。考え過ぎないことです。考え過ぎると誰だって感じることを忘れてしまうものです。だから、そこはもっと「感じる」「感じている」ことに意識を向けてみてください。誰に遠慮することもないんですよ。何を感じているのか知ることは自分を知るサインです。自分のトキメくものを知って、感じるアンテナをしっかり張り巡らしておいてくださいね。

トキメキ探しをすると、小さな夢が大きな夢に繋がっていく

夢とは、大きなもの、壮大なものだと思っている人が多いようですが、実は、日常に近いものだと考えています。

例えば、朝起きて、会社に出勤して帰宅して、夕食を済ませてお風呂に入って眠るとい

うのが毎日のルーティーンだとします。この中にちょっぴり、あなただけのトキメキのエッセンスを加えてみるのです。
通勤中に好きな作家さんの本を読む。ランチは気になっていたあのお店のハンバーグを食べる。帰宅する前にちょっと高級なフェイシャルマスクを買う。そして、帰ってきたらアロマを焚いてリラックスする。フェイシャルマスクをした後は、アロマの香りに包まれながら就寝する。

想像しただけで、幸せな気持ちになってきませんか？　先程、自分がトキメくものについて考えるところがありましたよね。やってみると、無理に探さなくても、トキメキや楽しいことは生活の中にたくさんあるとお気づきだと思います。そして、意外に簡単にトキメキは日常に取り込めるのです。

こういった日々のトキメキが小さな夢であり、それが本当のあなたの望みに導いてくれるものなのです。実は夢には大きいも小さいもないのです。夢が夢を連れてきてくれる。だから毎日にトキメキをたくさん取り入れてみましょう。

♡夢が夢を連れてきてくれる。
だから毎日にトキメキをたくさん取り入れよう♡

究極の夢探しをするための大切なポイント

毎日のトキメキを感じられるようになってくると、自分のやりたいことが出てくるようになります。これはいわゆる「究極の夢探し」。私が夢探しをするために取り組んでいたことがあるので、ここでご紹介しますね。

○テレビ、インターネットを極力見ないようにする

以前はよくテレビ、インターネットを見ていました。しかし、テレビ、インターネットは無意識につけていると知らない間に時間が経ってしまいます。いわゆる時間泥棒ですから、テレビは見たい時間だけ見ています。インターネット（SNS）も調べ物がある時だけ

使っています。ネットサーフィンもほとんどしません。そうすることで、自分に意識が向き、他人と比べたり、他人に意識が向くことを減らしています。

○自分だけの時間を大切にする

休みの日は、友達や彼とよく映画を見たり、出かけたりしていました。最近は、一人で過ごす日を意識的に作り、自分だけの時間を大切にしています。その時は、大好きなお菓子作りやパン作りをしたり、ぼーっと空を見上げて頭をからっぽにしたり、のんびり散歩することもあります。自分だけの時間を大切にすることは、自分を大切にすることに繋がります。

○何もしない、考えない

1日に5分程度、意識をして何もしない、考えない時間を作ります。意識をして考えないことをしないと、「今日の夜ご飯は何を作ろうか?」「明日の段取りは……、持ち物は……」「○○ちゃんに連絡しなきゃ……」など、ついつい考えが止まらなくなってしまうのです。私も普段はのんびりしている方ですが、タスクが多かったり、日常がバタバタしていると、考えがまとまらなくなります。

そんな時は、頭をリフレッシュさせるために、5分ほど何もしない、何も考えない時間を作ります。そうすると頭の中が冴えて、いいアイデアが思い浮かぶこともあります。

○洋服の断捨離をする

皆さんも一度はされたことがあると思いますが、定期的に断捨離をしています。要らないものや洋服はどんどん捨てます。形が気に入って何年か前に買ったけど、全然着ていないワンピース、セールで買って、もう少し痩せたら着ようと思っていたスカート、高かったから捨てられないブランド物のお洋服など……、捨てることに勇気がいるものも思い切って捨てました。過去の私に戻ることは絶対ないし、今まで箪笥《たんす》の肥やしにしていたものは、どう考えても今後着ることはないですから。断捨離は自分の周りのものを整理しながら、今の自分に意識を合わせる作業。頭の中も整理されていくので、かなり効果があり

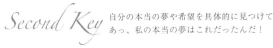

ますよ。

一人時間を作ることは、今まで友人と遊んでいた時間を削ることでもあります。最初は友達がいなくなってしまうんじゃないかと少し心配になりました。でも、これがいいきっかけとなって、それで離れていってしまう人と、お互いを大事に思い合って、更に仲良くなってくる人が出てきました。

「究極の夢」を見つけるため、私はとにかく、自分の内側と向き合う時間をたくさん取りました。これは、毎日忙しく仕事をしていると難しいことです。でも本当の自分も自分の望みも自分しか知らないのです。「究極の夢探し」で、本当の自分の思いを見つけてくださいね。

本当の夢を見つけることができたら、どうなるか？

本当の夢を見つけることができたら、夢というのはどんどん加速され、頑張らなくても知らない間に叶うようになります。夢に引っ張られているのかとさえ思う時もあるくらいです。これはやはり、上手くいくという自信があるから。だから不安に引っ張られないのです。

ラジオのパーソナリティ『真代のプレシャス・デリシャス・デリバリー』が決まった時も、急速なスピードで夢が叶いました。

まず、ラジオのパーソナリティは、一般的には声優学校に3年ほど通い、発声など基礎から学んでなるものだと思っていたので、経験もない、ましてや人前で話をしたことがほとんどない私にとって、かなりのチャレンジでした。しかし、プロデューサーさんがとても親身になってくださったお陰で、1週間に1度、レッスンをさせていただきました。そのレッスンは、厳しく、時には深夜まで続き、上手く話せない自分に腹が立って自分への怒りの感情がどうにもならずに、地下鉄で涙が止まらなかった日もあります。しかし、レッスンを頑張っているうち、毎日がトキメくものに変わっていきました。

そしてラジオ『真代のプレシャス・デリシャス・デリバリー』では、毎回、憧れの方々が、ゲストに来てくださいました。特に嬉しかったのは、岐阜県岐阜市にある『プルシック』のシェフ所浩史《ところひろし》さんと名古屋市北区にあるカフェの経営者、パティシエでもある田中千尋《たなかちひろ》さんが来てくださったことです。

所さんは一世を風靡した『パステル』の『なめらかプリン』を考案された方。全国でプリンのお店をプロデュースするお仕事もされ、とても忙しくされています。

そして、田中さんのお店『カフェタナカ』は、名古屋市の本店の他に三重県桑名市にあるジャズドリーム長島や愛知県稲沢市にお店を構え、商品の一つである『クッキー缶』は、女性誌『婦人画報』のお取り寄せでも大人気です。スイーツ界でとても有名なお二人は私の憧れで、いつかお会いしたいなと思っていました。ラジオがきっかけで今も連絡を取り合う仲になり、いつも励ましていただいています。

ラジオから始まって、憧れの人に出会えて、そしてその人たちと末永くお付き合いしている。急速に夢が叶っていきました。皆さんも、たくさんのトキメキを見つけて、次々と夢を叶えてくださいね。

あなたのステージに合った望みや人脈が引き寄せられる理由

トキメキに従って、「これをやってみる！」と進んでも、なんだか上手くいかなくて、どうしたらいいかわからない時もありますよね。もっと上のステージに行きたいのにどうしたらいいのかわからない。次の扉は現れるのだろうか？　あーでもない、こーでもない。ぐるぐるぐるぐるして、どうにもならない時もたまにはあります。そういう時は、しようとしていることを横に置く、つまり一旦忘れるようにしています。

そうすると、ふとした時に、その問題だった答えが閃《ひらめ》いたり。どなたかからアドバイスをいただくことになって、スルスルッと、ものごとが進み、自然に解決する流れに変わっていることがあります。

それはきっと、トキメキに従っていると、幸せのエネルギーが人生の質を変えてくれるし、それがステージが上がるということになります。ステージアップすると前の問題がもう問題ではなくなって、勝手に解決してしまうのです。

そうしているうちに、同時に人間関係も変わってきます。自分のステージが変わってくると、今まで一緒にいた人との間に違和感が出てきます。それは良い悪いではなくて、実は自然なこと。私は、もう誰もいなくなったと思うことがありました。でもここで、違和感を無視して相手に合わせてばかりいると、次のステージには行くことができません。だから割り切ることも大切。次のステージは今のあなたにぴったりのものが用意されているのです。

♡どんな時も「自分が自分らしくいる」ために、自分自身のトキメキに情熱を注ごう♡

夢を運んできてくれるのはやはり○○です！

「今度司会してくれる？」　ある会社の社長さんに言われた言葉です。それはある企業様の記念式典の司会のお話でした。事務所に入ってまだ1ヵ月も経たない時にこんなお話をいただいたのです。その方はタレントなら司会ができる。そう思って、私にオファーをくださったのです。

その時私は、司会なんてやったことはありませんでした。司会のレッスンも行ったことがない。どうしたらいいの⁉　そう思ったのですが、やってみたいという気持ちの方が強くて、

「ぜひ、やらせていただきます」

そう返事していました……(笑)。

内心、大変なことを引き受けてしまったと後悔しました。せっかくならやってみたい！

だから、やるしかない！　その気持ちがとても大きな原動力になりました。

「まず何から始めよう？」

そう思った時、最初に頭に浮かんだのは、元宝塚歌劇団の方で現在はシンガーソングライターをしている方でした。すぐにボイストレーニングのレッスンをお願いしました。あと2ヵ月あるので、それまでに何とかしよう！　その日までに形にすることだけを考えていました。その先生のレッスンが厳しく、笑うと腹筋が痛いくらい厳しいのですが、その厳しさよりも自分の声が変わっていくことが嬉しくて、夢中で頑張りました。

緊張の連続だった記念式典は無事終わりました。すると、「良い声だね。素敵な司会をありがとう」そんな言葉をたくさんいただきました。終わってみると、「こんなに楽しい仕事があるのだな。またすぐにでもやりたいな」そう思っている自分がいました。

それから機会があれば色々なイベントに参加して、司会の方を観察しつつ、学ぶようになりました。「人の前で話をすること」これが私の大好きな仕事なんだと、改めて確認する出来事でした。

こんな風に導かれていく夢もあってもいいのかもしれない。そう、感じます。

夢や望みを叶える時に、3年後から逆算して今日やるべきことを明確にしてスケジュールを立てるという人もいますし、決めずにその時その時に起こることや、流れに任せて動いていった方がいいという人もいます。そのどちらも正解だと思うのです。私の場合は後者が上手くいく方法だったのです。チャンスが目の前にやって来た時に、それに挑戦する。チャンスは人が運んできてくれて、それに挑戦することでまた新たなステージを知ることができるのです。

焦らなくても大丈夫！　ゆっくり自分と向き合いながら夢を叶えていこう！

祖父がお抹茶のお点前をしてくれていたので、物心ついた頃から当たり前になっていた茶道の世界。子どもの頃は意味もわからなくて、「なんて、苦い飲み物を大人は飲むのだろう？」不思議で仕方がありませんでした。また、お点前のお茶を点てる際、最後にお伺いをたててから茶筅をふっと持ち上げると、なんだかお茶が喜んでくれるような気がするんですと、いつかのお茶席で、そんなお話を聞いたことがあります。その時に私はこう思いました。「これが、自分の気持ちと向き合って気持ちを込める」ということかと。人によって本当に味が違うのもそのせいなのかもしれません。

他には、父の影響で部活動で剣道を始めて、和文化の世界を改めて考えることがありました。剣道というのは心理戦で、その人の心がそのまま表れるものだ、と。「この試合、必ず勝つ！」と心から思えていると勝てるし、「気合いでちょっと負けている……」って思っていると、やっぱり負けてしまうのです。心の強さや弱さがダイレクトにわかるのですね。

剣道に限らず、「道」の世界は特にそうなんです。

以前、華道を習っていた時、先生に「思い切って、好きなように生けなさい」とご指摘をいただいたことがあります。「生けている時に迷いがあるのが伝わる」そうおっしゃいました。

こういった習い事は長い目で育てていくもの。いきなりできるようになるわけではないですし、その人なりの個性が表現されるものです。

普段気にすることがない動作にこそ、真実の美しさが宿るもの。「道」の世界のルールには無駄なものがありません。しつらいも、間の取り方、歩き方一つにしても。全てのものに意味がある。そう教えてくれます。その意味を知ることも、とても趣深いものです。

「丁寧に生きること」

じっくりと自分と向き合いながら、自分の好きや夢を見つけていくのもいいのかもしれませんね。夢を見つけていくのもマイペースで。焦らなくても一番いいタイミングでやれば良い結果になるのです。

✿願いを叶えるトキメキワーク

それでは、あなただけのトキメキを見つけるためのワークの時間です♪

あなたはどんなことにトキメくのか、書いてみましょう。

①最近、トキメいたことは何がありますか？　できるだけたくさん書きましょう♪

（例、最近新しくオープンしたステキなお店を見つけた。友人から借りた本が面白かった）

②今日一日のうち、トキメキを取り入れるとしたら何をしますか？

（例、いつもはまっすぐ家に帰るけれど、お気に入りのカフェでお茶をしてみる。帰りに本屋さんに寄って気になる本を読んでみる。ランチは外食ばかりだから野菜を使った料理を作ってみる）

②のワークは今日だけといわずに、明日以降もできるだけ続けてみてください。

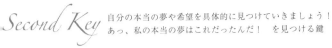

日々のトキメキは幸せの感度ＵＰの近道です。毎日のトキメキ習慣で、流れがいい方向に変わり始めますよ。

Third Key

夢を確実に現実に手に入れましょう
夢を加速させる鍵

第 3 章

もっと楽しく。
もっとトキメく方向へ。
人の目を気にするよりも
自分の心に従って今日からできる夢への小さな一歩を踏み出す。

何度でもあなたから近づいてみて。

もっと軽やかに
そう、あなたらしく。

そうすれば、きっと夢の方からあなたに笑顔で近づいてきてくれるから。

夢の方から近づいてきてくれるようになるには？

この章では、自分の夢が決まったあなたに向けて、どんな行動をすればいいのかということをお伝えします。まだ夢ややりたいことが見つからないという人も出遅れているわけではありませんので、ぜひ、ゆっくり、自分の心と向き合ってくださいね。

私は子どもの頃から良い大学に入らなければならない。
良い会社に就職しなければならない。
将来何があるかわからないから、手に職を付けておかなければならない。

いつも自分のしたいことよりも、将来が安定するような世間の常識が自分の軸と思い込んで生きていたので、違和感をものすごく抱えて生きていました。ものすごく重いエネルギーを抱えていたと感じています。

長年、正しいと信じていた思い込み。それらの思い込みをどうやって気づいて、捨てるのか、長い間握りしめていたものは、必要がないとわかっても、手放すことは難しく、とても怖いと感じてしまいますね。

でも、どんなものでもそうですが、ずっと両手でぎゅーっと握りしめていると、新しいものは入ってきません。それに、手放せないと思っているのも、思い込みです。

大きいものを手放すと大きなものが入ってきます。手放せないと思ったものほど手放すと、意外なところから欲しかったものが手に入ったりします。あなたは、どんな方法で手放しますか？　どんな方法でもいいですよ。それが、この本で言う手錠です。何か思い当たるものがあったら思い切って、手放してみてください。

その空いたスペースにあなたの欲しいものが、入ってきます。どんどん身軽な自分になって、夢に近づいていきましょうね。

夢をさらに加速させよう

夢が定まった人は行動するだけ、もう前進あるのみです。この段階で、夢を見るだけというのは、何もしないのと同じことですよね。だから、夢に向かってどんどん行動してください。

例えば、私のような人の前でお話しすることを仕事にしたいという人なら、

・憧れの人の講演会を聞きに行く
・発声のレッスンをしてくれる人はいないかSNSで探してみる
・司会の先生や話し方の体験レッスンに行ってみる

小さなことでも何でもいいんです。あなたのしたい仕事をしている人の書いた本を読んだり、ブログを読んだりすることもいいですね。とりあえず試してみる。それから自分に合っていれば続けるといいですし、合わないのなら他の方法を試してみてもいいですよね。一度、決めたら動きを止めないで、毎日淡々と進めてくださいね。

まだなんとなくしか夢が定まっていない人も、することは同じですよ。ちょっとでも興味のあることを見つけて、動いてみてください。何がきっかけで道が開けるかなんてわかりませんから、とにかく興味があることをやってみてくださいね。

大事なのは、やっぱり動くこと。

私は、理解できない時でも、難しく考えないで、「エイ！」と動いてしまいます。それは、行動すれば、何かが見えてくるし、少しわかるかもしれないと思うからです。失敗するのが怖いからと行動しない人がいますが、失敗というのはやってみた「結果」なので、何かしら学びがあり、次はこのようにやってみようというアイデアが浮かんだりすることがあります。だから、まずは、やってみてくださいね。女性は特に、成功や失敗を繰り返しながら進めていく方法が合っています。動けば動くだけチャンスはやってくるものです。だから、身軽にどんどん動いてくださいね。

たまに、全て理解しないと行動できない人もいるようです。でも、その方法だと、納得できるまで動かないので、信じられないくらいの時間がかかってしまい、気がついたら何十年も経っていて、おばあちゃんになっていたということになりかねません。

だから、考えながら動くのです。ぜひ今日から、まず一つできることから行動してみてくださいね。

私がタレントになったきっかけ

ここで、私がどんな行動をしてタレントになったのか？　知りたい人もいると思います。どんな風に行動したのか、少しでも参考にしていただけると嬉しいです。

会社を辞めて10ヵ月、人前で話をする仕事をしたいという漠然とした思いはあったものの、具体的にどんな行動をしていいかわからなかった私は、ブログを始めることにしました。私の好きなことを中心に綺麗になる方法、綺麗になる食事、レストラン情報……。興味のあることを毎日書いていきました。すると、10ヵ月で読者（フォロワー）が1000人を超えたんです。それと同じ頃にリアルに人に会うようになりました。

その中で、ある有名ブロガーの方が紹介してくれたのが、雑誌のお仕事です。その雑誌は名古屋の女性の中では知らない人はいないくらいの有名な雑誌で、私は大学生の頃から密かにいつかその雑誌に載ることができたらと思っていました。だからその話を聞いた時は、天にも昇る気持ちでした。


次のお仕事はそのブログを読んだラジオ局からでした。最初なので緊張しましたが、ゲストということで、ブログに書いているような綺麗になる方法や美容についての話をしました。とっても楽しかったのを覚えています。それから数ヵ月後、ある方のご紹介でラジオ局のゲスト依頼の話が来ました。

2回目は一度経験していたので、さほど緊張しませんでした。その時、プロデューサーさんにラジオをやってみないかと声をかけていただきました。そこからタレント事務所に入ることになりました。それは、とっても自然な流れでした。

今までのことを振り返って思うことは、本当に夢を叶えるということは、どこかにある遥か遠くにあるものではないということ。簡単に言うと、目の前の人を大切にし、「ありがとう」と伝えていくことではないでしょうか？　そうすると、あなたが大切にした人があなたを大切にしてくれて、素晴らしいチャンスをあなたにもたらしてくれるのではないでしょうか。いい仕事は人から巡ってくるのです。こんな流れがきたら、アクセル全開に思いっきり踏み出してみてください。夢を叶える力は周りを幸せにする力なのです。

だから、いつも目の前の人を大切にしてみてください。あなたの夢を叶えるために必要な出会いを運んできてくれる人は、もしかしたら今日出会うのかもしれませんね。

運や努力よりも必要な、たった一つのこと

前々項でも書きましたが、動く時は、どんどん動いてください。会いたい人に会う。思いついたことは全部やってみる、行動してみる……。など、できる限り動きをやめないようにしてください。私もどんどん動きましたよ。

私もＭＣや司会をしている方のブログをたくさん読みましたし、その方の開催しているレッスンにも通いました。

例えば、お料理を仕事にしたいという人なら、

・いつも作る料理をレシピにしてインスタにアップしてみる
・料理のコラムを仕事にできるサイトを探してみる
・テーブルコーディネートを学びに行く
・お料理教室に参加して先生に実際にアドバイスをもらう

小さなことから始めるのがいいのです。失敗したくないと思うかもしれませんが、誰かにとっていい方法でも、他の誰かにとってはその方法は合っていないかもしれません。

まずは「こんな風になりたいな」と思える人のマネをしてみること。その人のやっていること、発信の仕方を自分にちょっとずつ取り入れてみること。そうしているうちに自分

のオリジナルのものができるのです。

ワンピースよりもTシャツとデニムから始めよう！

例えばあなたがYouTubeに興味があり、始めてみたいとします。そうするといきなり高価なカメラを買って、マイクはどれにしたらいいのだろう？　と考えますか？　そうすると第1ステップのハードルがものすごく高くなります。それよりも、携帯で動画を撮ってアップしてみることからスタートした方が、より軽やかに一歩踏み出せると思うんです。

私の友人で、パンダのアイコンのラッキーさんという大人気のYouTuberさんがいらっしゃいます。動画再生回数30万回を超えてしまうような方。そんな人気YouTuberでさえ、今も試行錯誤なんだそうです。色んな方の動画を見ながら研究に研究を重ね、マイクなどの機材を段階的にランクアップしていったとお話ししてくれました。

つまり、ダイエットに成功して痩せていたら、可愛いワンピースが似合う自分になったら、やれそう！　よりも、Tシャツとデニムの私で一歩踏み出した方がより楽なのです。

小さな一歩を習慣にしていくことで、大きな一歩を踏み出す時に、より軽やかに次のステージに移行できるのです。踏み出す時は、Tシャツとデニムで気軽にスタートしてくださいね。

夢を叶える途中で壁に当たったら……

何か夢に向かって頑張っている時、壁にぶち当たることってありますよね。それだけ動いているのですから、上手くいかないことがあって当たり前なんです。

その時は、どうしていますか？　私は、壁だと思わないようにしています。

壁だと思わないで、前を向く！

壁にぶち当たることなんて当たり前と、自分の夢のことだけ考えて前を向きます。

色んな人を見ていて思うのですが、ちょっとつまずいただけで、心が折れてやめてしまう人が多すぎます。

例えば、
影響力のある人の一言
「このビジネスは稼げないですよ」
親の一言
「あなた、そんなことして大丈夫なの？」
友達の一言
「あなたには、そんな仕事似合わないよ〜」
ちょっとしたことで心が折れてやめてしまう。
そんな人が多すぎるなって思います。

せっかく夢に向かって頑張ると決めたのに、そんな他人の何気ない一言でやめてしまってはとってももったいないです。私だって、心が折れることが何回もありました。もう、何十回といわず、何百回、数えきれないほど心が折れています。

最初は心が折れるたびに家で泣いていました。食事が喉を通らなかったこともあります。でも、不思議とやめようと思ったことはありません。だって、それはやっぱり大好きなお仕事だから。

人の前でお話ししている時、皆さんが喜んでくださっていることがわかると、心がワクワク、ドキドキ喜んでいるから。だから、嫌なことがあっても続けることができているのだと思います。壁に当たるのは前進している証拠です。だから壁にぶち当たっても前を向いてくださいね。

それでも、心が折れてしまったら

それでも、心が折れてしまったら、私は休んでいいと思っています。ずっと休むのではなく、ちょっと一休みして、気分転換するのです。

私なら、お友達とホテルのアフタヌーンティーを楽しみながら、たくさん話して、たくさん笑って、思い切りエネルギーをチャージします。

気分転換の方法は人それぞれ好きな方法があると思います。好きなものに囲まれて、好きな方法で気分転換をしてくださいね。

ドリームキラーはあなたの本気度を試している

会社を辞めて自分で何かの事業を始めようとした時、タレントの仕事を始めた時、思い切ってはみたものの、これからどうなっていくのだろう。私の選択は正しかったのかな……。そんな風に思うことが何度もありました。

会社を辞めたばかりの時は、ちょうど起業女子ブーム。その頃にある女性から、こんなことを言われました。

「お遊び起業、やめてくれる？」

タレントをスタートさせた当初は、

「この年齢で始めるの？」

「悪いこと言わないから、すぐに結婚した方が幸せだよ」

「一体、何がしたいの？」


そういう声をいただくこともありました。これらの言葉に傷ついたことも、泣きそうになった日もあります。

言い返す言葉が見つからずに何の根拠も無く
「私はやれるので」
と、言うと、癇《かん》に障ったらしく、もうお会いしていない方もいます。
親にはグラビアやらされるんじゃないの？　なんて言われたりもしました。

悲しみと一緒に怒りが湧いているような、一体なぜこんなに嫌な気持ちになっているのか自分でもよくわかりませんでした。ただ、この言葉に「絶対にこの人たちが手の届かない世界に行ってみせる、後悔させてやる！　覚えてろ〜」くらい腹が立ちました。

でも、これは「ドリームキラー」が現れたんだなってすぐ気づいたんですね。ドリームキラー」とは、訳すと夢を壊す人。「あなたのため」と言って、本当に心配して成長を妨げる人、あなたに幸せになって欲しくないから「そんなの無理に決まっている」と夢を否定する人。両方のタイプがいます。親は本当にあなたが変わってしまうことが心配なのかもしれませんし、親しい友人ならあなたが変わってしまったら、自分は取り残されてしまうんじゃないかと心配になっているのかもしれません。

だから色んな理由をつけて、あなたの足を引っ張るのです。親や親しい人に言われると本当に心配になってしまいますよね。だってあなたのことをよく知っているから。でも、ここを乗り越えないと次の扉はやってきません。

だから、人に無理だとかどんなことを言われても、自分のその気持ちから逃げないで勇気を出してやってみてほしいのです。きっと、ドリームキラーは、あなたの本気度を試しているんです。だからもし、あなたのしたいことを無理だとか言う人が現れたなら、それは試されている証拠です。

でも考え方を変えたら、ドリームキラーが現れたということは、夢を叶えることが順調だということ。そう思ったら嬉しくなりませんか？

起こる出来事は全てあなたへのプレゼント。夢のパズルが完成する瞬間

あなたの未来はたくさんの可能性があります。

今を大切に生きる、そんな自分を確立できると、あなたは確固とした夢が見つかるで

しょう。

そしてその夢を叶える！　と決めると不思議なことが起こり始めます。あなたが意識を向けた夢が現実になるための道が開かれるのです。私自身を例に挙げると、このことをやってみたいと思っていると、それを助けてくれる人が現れたり、その道のスペシャリストとのご縁を繋いでいただいたり……。まるでパズルのピースがどんどんはまっていくように、上手く夢が実現していくのです。夢がパズルの全体で、一つずつピースがはまっていく。そんなイメージです。

自分の力だけではできないようなことまで、できるようになります。それはとても自然な流れ。トントン拍子に進むという表現がありますが、まさにその感覚です。どんどん向こうから夢に繋がる出来事がやってくるのです。ここで大切なのは、起こった出来事がちょっと違ったかなという時。もしかしたら、あなたは嫌な気持ちになったり、不安に駆られてしまうかもしれません。そんな時はこの言葉を思い出してください。

「全ての出来事はあなたへのプレゼント」

そう、あなたに起こる出来事は、全てあなたの決めた夢への道の過程の一つなのです。だからあなたが予期しないような状況が起こったとしても、それは最善の道を歩んでいると信じましょう。こうじゃなきゃだめだ、と決めつけずに、別の方法で踏み出す合図かもしれません。だって、もしかしたら別のお店のケーキの方が美味しいかもしれない。食べてみないとそのケーキが美味しいかなんてわからないでしょ？

楽しんでいるあなたにもっと最高のプレゼントがきっと届きます。

Fourth Key

夢や希望を叶えるために、
神様に味方になってもらいましょう！
スイスイ物事が上手くいく！
運を味方に～神様に味方になってもらう鍵

第4章

自分だけの力でどうにかしようと頑張っても、時にはできないこともある。
自分だけの力って限界があるから。
それって自分のお庭でぐるぐるしているようなもの。
そんな時は力を抜いて誰かの力を借りてみて。
そうすれば世界が広がるから。
きっと、あなたの世界は優しくて幸せな世界に変わる。

直感を信じて行動を起こす人が運を制する！

行動を起こす時、考えるより先に身体が動いてしまう人と、行動する理由がないとなかなか動けない人がいます。あなたはどちらのタイプですか？

私はどちらかというと、自分の勘を信じて直感で動いているタイプ。自分が「これいいな！」ふと思った気持ちをいつも大切にしてきました。

ある大人気の飲食店のオーナーさんから、こんなお話を聞いたことがあります。

「次の店舗をどこにするか決める時、実際にその場所を見て、判断は自分の心に聞く」こんな方も直感で決めていらっしゃるんですね。

この「直感」というのは、本当に頼りになって、自分に合わないと、なんか気分が悪く、ものすごくモヤモヤします。直感に従っていると、ものすごくスッキリします。しっかり自分の気持ちと向き合っていると、自然に感じられるようになってきます。たくさんの様々な情報が溢れかえっているこの社会、何が正しいのかと迷うことがあったとしたら、自分の直感を信頼してみてください。ただ心の状態が乱れているような時は、少し時間をおいて深呼吸をしてから自分の胸に感じる感覚に耳を澄ましてみるといいですね。胸に手を当ててゆっくり息を吸って……自分に聞いてみてくださいね。

気持ちよく行動できる時は、Ｇｏ、反対になんだか違う気がする、気持ちが重い……そうであれば行動はしません。私は頭からそれが離れないとか、なんか楽しそう♪　とか、考えるとトキメく時に自分にすぐＧｏをかけます。すぐ動かないと、忙しい毎日でいつの間にかかき消されてしまうからです。トキメきながら行動している時、そういう時は必ず何かヒントがあったり、不思議と良いご縁に繋がる出来事に導かれるのです。

たとえ、その出来事から何も進展がなかったとしても、一緒に参加していた方が良い仕事をくださったとか、その日に教えていただいた講演会に行ったら、また新しいご縁が広がったというようなこともあります。

だから、直感が外れたかも⁉　なんて思っても、長い目で見ていくと繋がっているのです。直感こそ、運を司る鍵です。

それを磨くには、日頃から自分の気持ちに向き合っていることが重要です。でも皆さんは2章で、自分のトキメくものを毎日取り入れていますよね？　このワークも直感を磨く練習になります。ぜひ、毎日続けてみてくださいね。直感は自分からのメッセージです。直感を信じて動き出してくださいね。

運に味方される人はどんな人？

夢を実現するのに神様からどれだけサポートを受けることができるか。これってとっても重要です。運を味方にするとは神様に気に入ってもらうことなのです。そうなると、お金も良い仕事も巡ってきて出会いにも恵まれる。まさに人生が上手く回るのです。

輝いている人は運を引き寄せます。輝きって何？　どういう意味？　輝きってどうするの？　と思われるかもしれませんが、整形して美しくなれと言っているのではありませんよ。輝きは自分で作り出せるものなのです。

○例えば、いつも笑顔いっぱいでいる

髪をさらさらにブラッシングたり、お気に入りのお洋服を着る。そしていつも人の良いところを見つけて褒める。そして、輝いている人は必ず良い言葉を使います。人の悪口は絶対に言わない。口癖も「やっぱり私は運が良い！」周りが楽しくなるくらいの、輝く幸せなオーラを持っています。

だから人が集まってくるし、良い仕事にどんどん恵まれる。そういう人と一緒にいると、こちらも楽しくなる。もし、自分が神様だとしたら、どんな人に味方をするでしょうか？そう考えたら答えは簡単ですよね。

♡いつも明るく良いエネルギーでいよう♪　良い仕事もご縁もやってきます♡

食を整えると運も整う

私はよく食は運に直結すると言っています。忙しいと、つい食事がおろそかになってし

まいますよね。食事を取るにも皆さん事情があるので、どれを食べてはいけない、この食事がダメだとはいいませんが、私は、最近元気が出ないな……、なんだか気分がすぐれないなと感じた時は、お野菜やお魚を自分で料理して、食べるようにしています。

食物からエネルギーをもらっているんですね。これはいつも私が食事で意識していることです。

それに、私は子どもの頃、とても身体が弱かったので、母は毎日私のために身体に良い食事を手作りしてくれていました。それに、心を込めて作った料理は、頭の良い子ができると母が学校の先生から聞いたそうで、とても食事には気をつけてくれていたのです。そのお陰で、今はとっても健康です。身体だけでなく、きっと心も健康です。だからなのでしょうか、私はいつも幸せそうだねって言われます。食事を整えていくと、色々な運にも恵まれ幸福感もアップするのだと確信しています。

ここでいう身体に良い食事とは「野菜ばかりでお肉を食べない食事」とは違います。野菜も身体を冷やすものも多いので、そればかり食べると、身体が冷えてしまいます。

お肉やお野菜もバランスよく食べることで、身体が温まって「運」が回るのです。

今、自分が食べたいと思うものが、足りていない栄養だといわれています。あまりダイエットをして食べたい物を我慢すると、かえって脂っこいものが食べたくなったりするのは、足りないものを補うためという考え方もあります。だから、「食べたいものを食べること」を私は徹底しています。「食べものを残すことはいけないこと」そう教わってきましたが、ちゃんと自分の身体に耳を傾けて食べるようにしていると、やっぱりどこか愛情を感じられる、その場で握ってもらえるおにぎり屋さんのおにぎりが食べたくなったり、母のお味噌汁が恋しくなったりするのです。

私達は、食べ物から自然のエネルギーをいただいているし、作った人の愛のエネルギーもいただいているのです。「いただきます」という言葉も有り難くいただく、という意味なのも納得ですよね。

感謝が幸せスパイラルを巻き起こす！

ここまで読んで少しわかっていただけたと思うのですが、幸せというのは、「幸せを感じながら楽しい毎日を送る」ことです。自分の幸せを毎日しっかりキャッチしていると、これから幸せになれるのだろうか？　なんてことを考えることはどんどん減っていきます。

そして、これを更に加速させるのが、「感謝」です。夢を掴んでいる人ほど、「これは私一人の力では成し得なかった」「皆さんのおかげで達成できた」そんな風に考えます。

それを綺麗事だと片付けてしまうのは、間違いなく神様に応援されない人。運を無くして夢の実現はとても難しいものになってきます。運は自分ではない誰か他の人が運んできてくれるのです。

いつも励ましてくれる会社の先輩や、あなたならできると、背中を押してくれる友人。

仕事から帰ってきたら温かいご飯を作って待っていてくれる家族がいて、そこに生まれるのが、「ありがとう」という感謝の感情です。いつもあなたの成功を一番に喜んでくれる人、辛い時に必ず時間を作って話を聞いてくれた人。自分の夢のように応援してくれる人。こういう人達があなたにとっての運の神様です。それがわかるといつのまにかエネルギーが湧いてきませんか？

今日の良いこと探しで引き寄せ力アップ！

友人にもオススメしている、とっておきのワークをお伝えします。私は毎晩、眠る前にしています。それは今日一日の嬉しかったこと、良かったことの振り返りです。

今日は友達と行きたかったお店のランチに行けた！　美味しかった、また行きたい！　今日は仕事がスムーズに進んだ。良かった！　今日は夕食に作ったクリームコロッケが上手にできた！　幸せ〜。素敵な出会いがあった。そんなことを手帳に書いています。一日に何個書けばいいのかな？　という質問には「その時思いつく数で」と話をしています。

このワークをするようになってから、良いことがたくさん起こるようになりました。

その理由は何だと思いますか？

それは、何においても良いところを探す癖がついてくるからです。最初は意識的にしていても、だんだんと潜在意識レベルで良いこと探しができるようになってくるのです。そうすると、もう良いところしか見なくなってきます。良いこと探しを続けていると、もうあなたの世界は良いことしか起こらなくなってきます。

このワークは、トキメキのワークからさらにパワーアップした幸せな毎日を過ごしていくことができる最強のワークです。できるなら夜眠る前、静かな時間にしていただくと、より幸せな気持ちが感じられるので効果的です。

✿引き寄せ力がアップする感謝ワーク

①今日一日の嬉しかったことを書いてみてください。最後に嬉しかったとか、感情も入れるのが、ポイントです♪　身近な幸せを見つけて、幸せをキャッチしましょう！

ホテルのラウンジで富のエネルギーをもらう

素敵な場所に行くといつも感じることがあります。それは自分のエネルギーがどんどん溢れ出そうになるということ。特にホテルのラウンジは普段より落ち着く空間で、心地の良いサービスが受けられますよね。その場所に行くのに、お洋服や靴にアクセサリーを気にかけることも相まって、セルフイメージさえも上げてくれます。

また、これらの空間にはその場所に合う人が集まるので、素敵な場所で過ごすことはあなたのエネルギーを高めてくれます。こういった場所は富のエネルギーといって、自分の運気を底上げしてくれる力があります。

それに、一流ホテルは一流の人が集まります、成功している人はホテルのラウンジで打ち合わせをしていることがありますよね。そこで、一流の人の振る舞いを観察してもいいですし、ファッションセンスを学んでもいいですし、もしかしたら、人脈が広がる可能性もあります。身を置く場所によって運はガラリと変わります。ホテルのラウンジで富のエネルギーをチャージしてくださいね。

♡身を置く場所によって運はガラリと変化する。富のエネルギーをチャージせよ！♡

人生の波に乗る方法

楽しそうにトキメキに従って行動したり、毎日の幸せをしっかり感じられるようになってくると、「本当の自分」の望む方向に導く流れがやってきます。

例えば、気になったセミナーに行って隣の席の子と意気投合。2人で旅行に行くくらいの仲になった。信頼している友人から一緒に行こうと誘われた習い事が、楽しくて続けることになった。臨時収入が入ってきた。したいなと思っていた仕事の話が舞い込んできた。面倒だなって思うことも、「今日はどんな出会いがあるのだろう」なんて楽しめるようになったら運の流れに乗ってきているという証拠です。

逆にどうしてこんなに上手くいかないの？　ということもありますね。そんなときは、執着せず、一旦手放していいと思います。

そして、更に運の波に乗るには、楽しそうにトキメキに従うだけではバランスを欠きます。

さて、他にどんなことをすればいいのでしょうか？　それは素直な気持ちになることです。人が教えてくれたことは、「ありがとうございます」と受け止めること。

友人の意見は素直に聞き入れる。

プロの意見には従う。

アドバイスを受け入れる。

これは、自分を失くすことではありません。生き方を変えることでもないんです。

何ごとも「は〜い♪」と素直に受け取れるということは、人生の波に乗るということであって、人生は面白いようにスイスイ進みます。これって実は、やっているようでやっていない人が多いです。

言い訳や文句をやめて、素直に「は〜い」「ありがとう」と受け取ってみてください。「今日、綺麗じゃない?」と友人に言われたら、「そんなことないよ」ではなく、「ありがとう」です。

あなたの周りはとっても優しいのですから、それだけで運は開けて波に乗れるようになりますよ。


♡進むべきサインに気づいて、流れに乗って進もう♪♡

運はただ待つのではない。全部捕まえろ~♪

「チャンスの神様は前髪しかない」、なんて諺《ことわざ》がありますね。あれは、本当です。

確かにチャンスは平等にあるのに、上手くいっている人はチャンスをつかむために準備していたり、活かすために努力をしています。結局、チャンスを確実に手に入れるために、何かしら行動をしているのです。動いているからチャンスが来たとわかるのです。

「いつになったら来るの~」と待っているうちはなかなか来ません。

チャンスが来たと思ったら、すぐ動いて捕まえておく。女性でもそれくらい肉食系であっていいと思います。チャンスが来たらぜひ自分から捕まえてくださいね。

♡チャンスの神様は、しっかり捕まえないと待ってくれませんので、お気をつけあれ♡

願いごとは、完了形でキメる！

今、考えてみると、私が叶えた願い事の数々は、叶えたいと思った瞬間に叶うことが決まっていたような気がします。それは、いつも叶ったような気持ちで、そして、手帳に書く時も「完了形」で書いていたからです。

まず、会社を辞めてすぐ書き始めたブログは、1年以内で読者さんを1000人以上にすると決めていました。すると、10ヵ月でそれが達成されました。

『お料理アワード』の審査員に決まった時もそうでした。私は以前放映されていたテレビ番組の『料理の鉄人』に出ていた岸朝子さんに憧れていて、いつか料理番組の審査員をすると決めていました。『お料理アワード』では、社長さんたちと並んで料理の審査員をさせていただきました。

本の出版も同じです。私は今から1年前に台湾に旅行に行っていました。その時に、手帳に書いたのが、出版することでした。ホテルのバルコニーで朝日を浴びながら「出版しました。ありがとうございます」と手帳に書いたのを覚えています。すると、出版する道が開けて、現在執筆中。このまま順調に行けば数ヵ月後には私の書いた本が書店に並びます。

よく願い事を「~したいなぁ」という人がいますが、それでは夢が叶いません。

私も以前は、「専業主婦になりたいなぁ……」「〇〇した~い」そう言っていました。心の中は不安でいっぱいで、その可能性を自分で信じていなかったのです。「〇〇したいなぁ」とは、「〇〇できたらいいのに……できていない」ということ。だから、「〇〇できていない」現実がやってくるのです。そもそも、「専業主婦になって誰かに幸せにしてほしい」とは「望み」でなく、他人への依存ですよね。

願いは自分主体で言い切るのが基本です。何か今、願いがあるなら、言い切ってしまってください。

・私はいつも心優しい素敵な人たちと仕事をしています！
・私は今年中に結婚して幸せになります！

自信満々に、今、決めましょう♪

♡願い事はもう叶ったつもりで、そしてあなたがあなた自身を幸せにすることを今、決めましょう！♡

占いに決定権はない

昔の私は、占いに行っては、一喜一憂していました。

でも、今は雑誌の占いさえほとんど見ません。占いができる友人が見てくれることもありますが、結果はあまり気にしません。


以前、面白い出来事がありました。

ある占いをしている方が私に、

「今、新しく始めようとしていることがありますね？　具体的に動いていますか？　行動にしっかり移すことで良い未来に向かっていけますよ。だから自信を持って進んでください」

とおっしゃったんです。

私は、占い師さんのその言葉を聞いてから、占いは行動するきっかけだと気づきました。

占いよりも自分自身を信じて進んでいくことが幸せに向かうことであって、未来はいくらでも自分の力で変えることができるのです。

特に女性は占いが好きな方は多いですね。けれど、占いは参考程度にして、自分を信じて進んでくださいね。

♡占いの結果は自分の心を表している。自分の未来は自分で創り出せる♡

Fifth Key

夢と一緒に自分史上最高の恋を手に入れましょう！
愛の奇跡を起こす鍵

第5章

誰かに愛されたくて、
その誰かを探していた……
いつの間にか色んなことを知って
上手くいかないことを
少しずつ諦めてきた。
大人になるってそういうことだと
思っていた。

でも
やっぱり
自分を幸せにしたい……
あなたが自分を愛し始めた時。
愛の扉が開き始める。

自分史上最高のパートナーを引き寄せるために最初にすること

この本を読んでくださっている皆さんは、きっと「最高のパートナーと出会いたい」そう心から願っていらっしゃいますよね？

ここで宣言させてください。あなたは必ず最高のパートナーに出会います。そのためにこの本とも出会っているのですから。だから、今この瞬間に決めてください。

「私は最高のパートナーに出会うのだ」と。

たまに、

「恋も結婚もしたいけれど、良い相手がいない」

「今のパートナーと上手くいっていない」

とおっしゃる方や今の恋愛に悩む女性は多くいます。

本来はとても楽しいはずの恋愛を楽しめていないのは理由があります。これからの章でその鍵を見つけていきましょう。

ただ、私は恋愛テクニックはないと思っています。人の数だけ性格も違いますし、恋愛は相手と心でするものです。小手先のテクニックで、本当の恋愛ができるはずはないからです。

ではどうすれば「最高のパートナー」に出会えるのでしょうか？

今までやってきた様々な思い込みをあなたらしいものに戻していくことが愛の扉を開く鍵です。習慣を変えるという言い方をしてもいいかもしれません。そのためには、ありのままに愛される必要があるのです。

「彼から愛されたい」
「早くパートナーが欲しい」

そう思う気持ちも、とてもよくわかります。

しかし、それより前にやることは、まずはどんな自分も愛することです。自分のことより誰かのためにと相手を優先していませんか？　人には「お疲れ様」「ありがとう」と言っているのに、どうして自分には愛の言葉を言わないのでしょうか？

人を愛するとか言う前にまずは、自分に「大好き」と愛の告白をしましょう。自分を自分で幸せにできるようになった時に満たされた気持ちが最高のパートナーを連れてきてくれるのです。

そのためにはいつも自分が喜ぶ選択をしてください。だってあなたを幸せにできるのはあなたしかいないのですから。まずは自分を愛する。自分と相思相愛になることが真実の愛を見つける近道です。

仕事からも彼からもラブコールをもらっちゃおう♡

「この仕事に呼ばれるようになった」
「次もこの仕事に呼ばれたいな」

私の業界はそんな言い方をします。仕事が人を選ぶのです。職業は自分で探してきて、自分が選ぶものと思っているかもしれません。仕事はオーディションや選考で毎回決まります。企業も筆記試験や面接が通らないと就職が決まらないですよね。

例えば、今の仕事に満足していなくて本当はもっとお給料のいい会社に就職したいとします。でも、文句をタラタラ言っている人に次の良い仕事はやってくるでしょうか？今の仕事を楽しむ工夫をしている人に、ヘッドハンティングや、次の良い仕事のお話が舞い込むのは当然のことですよね。

恋愛も同じです。出会いを楽しむ。デートを楽しむ。一人の男性とのお付き合いを楽しむ。そうすると仕事からも彼からもラブコールがもらえるのです♡

あなたにかけられている手錠の正体を知ろう！手錠を外して運命の恋に出会う

本来女性は、愛されるために生まれてきた。そう私は考えます。でも、もしあなたの今の現実がそうでないとしたら……。あなたを縛っている手錠があるのかもしれません。さあ、その手錠は何でしょうか？

・恋愛をしたいけれどもうこの歳だし、傷つくのが怖い
・この外見では相手にされない
・ずっと彼がいなかったのだからこの先、相手ができるかどうか……

思い込みは実に様々です。でも、手錠を外さないと、この先、ずっとこのままの現実になってしまいます。

今のあなたに思い当たるものはありますか？　この正体に向き合うことはとても辛いことかもしれません。年齢、容姿、自分に自信がないことばかり見ていても理想の相手に

は巡り合うことはできません。

自分が自分のことを否定したり、幸せにしていないのに幸せな関係を築けるパートナーが現れてくれるはずがないのです。

この手錠は、愛に対する心配、不安、悩みなど、あなたが感じる恋愛に対しての嫌な気分があるとかけられてしまいます。これらの気持ちはそのままにしておくと、どんどん深くなってあなたの愛を奪ってしまいます。

この手錠を外すために、愛の鍵が必要になります。

私は私が大好き！
私は自分を愛している！

その気持ちが愛の鍵。1章にある自分を知る鍵に近いかもしれません。私は世界に一人しかいないことを知って、自分と相思相愛になる。これが愛の鍵で手錠を外す方法です。

そのほかにも、トキメキのワークをしたり自分の好きな時間を思いっきり楽しむことに集中してください。これも自分と相思相愛を叶える大切なワークになります。自分を愛すると、なんだか自然と周りも愛のある人ばかりになってきます。ここまで来ると運命のパートナーがすぐそこまで来ているサインです。

でもここで注意してもらいたいのが、また「早く！　早く！」「いつ現れるの？」と思わないことです。満たされた気持ちがパートナーを連れてきてくれるのです。

♡「開けゴマ！」では解けない。自分を愛する満たされた気持ちが手錠を解いてくれる♡

愛されて当然と思えたあなたに奇跡が起こる

年齢で愛されることを諦める。年齢で結婚を諦める。年齢で美を諦める。これは一番したくないことです。私の周りには50代でも結婚された方はたくさんいらっしゃいます。その方たちと、年齢を理由にして愛されることをやめている人は何が違うのでしょうか？

優等生の人生を送ってきた方は、自分にも厳しいですが、相手にも理想があります。その理想がエベレスト級に高い人は少なくはありません。

例えば、理想の相手の条件、その本心は自分の嫌な部分が隠れている場合もあります。「仕事ができる人」という条件の場合、仕事ができる人が現れたとしても、ものすごく忙しくて会う時間が無い。なんてことになってしまうことがあります。不足を埋めるために愛があるのではないのです。「仕事ができない自分は認められるはずがない」とか、「もう歳だし、可愛くもないし、若くないし……」と、自分を認めていないと、どんどん不幸スパイラルに陥ってしまうのです。

ありのままの自分をちゃんと受け止めてあげてください。まずは自分で自分を愛して幸せにする。自分を愛することができると、あなたは輝き始める。それができて初めて最高のパートナーが現れるのです。

♡愛されて当然。どんなあなたも愛される価値がある♡

年齢を重ねることは、綺麗が蓄積されること

歳を取るという言葉は、あまりいいイメージではありませんでしたが、今は「年齢を重ねていく」と素敵に表現されるようになりました。最近は年齢を重ねるほどに、可愛くて魅力的になっていく女性も増えていますね。


ではその「歳を重ねる」ことで綺麗になっていく女性はどんな女性なのでしょうか？

私は、年齢を言い訳にしないで、やりたいことを選択している人だと思います。

男性はやはり若い女性が好きだとか、一般的にいわれていることも気になる人も少なくはないでしょう。しかし、歳を取ることは、ある意味自然な流れであり、当たり前のこと

です。名古屋出身の女優・川島なお美さんもおっしゃっていましたが、年齢はカラット数です。年を重ねるほど輝きを増すという名言があるくらいです。

年齢を気にしないで、ありのままに人生を楽しむことが綺麗になる秘訣です。人生を楽しむことは、自分らしく生きることでもあります。楽しいこともたくさんありますが、きっと嫌なことも同じくらいあるでしょう。それが何年も積み重なって、経験となり、あなたの自分らしさも、良さも全て「自信」になって表れてきます。

歳を重ねた経験も全て自分。世界にたった一人の自分です。その存在こそが素晴らしいのです。

♡あなたの魅力は無限大∞　大人女子はいつも自分らしく、美しい♡

王子様の席は予約席にしておく

この人と別れたら、次のパートナーが現れるかわからない。もうこの年齢から新しい恋を始めるのは面倒など、なかなか好きでもない相手と別れることができない人は少なくないのではないでしょうか？

私は、そんな風に好きでもない人とダラダラお付き合いすることはおススメしません。好きでもない相手とお付き合いするのは、自分にも嘘をついていることになりますし、相手にも失礼です。それに、腐れ縁や自分の足を引っ張るような縁は切っておかないと、自分に必要な縁は入ってこないんです。

特に恋愛では、パートナーの席は一つしかありません。その席に違う人が座っていたらその間、他に誰も座ることができないのです。最高のパートナーに出会うためには、違うのかなと思っている人と別れないとその席は空かないのです。その席が空かない限り、本当のパートナーはやってこないんです。

相手がいないこと、最初は寂しいかもしれません。別れることは怖いことかもしれません。でも一人でいる強さがあなたをさらに美しい女性にするのです。

♡最高のパートナーの席はたった一つ。
王子様はある日突然現れる。ちゃんと席は空けておいて！♡

✿理想の愛の形を、思う存分書き出してみよう♪　王子様のワーク

いつになったら最高のパートナーと出会えるのでしょうか？

①あなたにとって、理想の恋愛とは、どんなものですか？

そして、あなたの理想の相手はどんな人ですか？　どんどん書いてみてください。

②それでは次に、その理想の男性にふさわしい女性はどんな人かを書いてみてください

書けましたか？

③さて、質問です。今のあなたはもう理想の女性ですか？

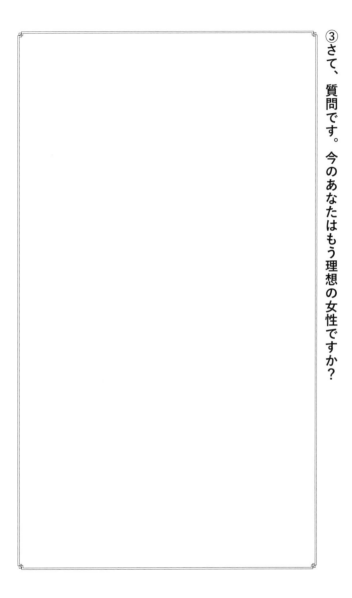

④次にその理想の女性にすでになっているかのように、

私はスタイルがいいです。

私は料理が得意です。

私はおしゃれです。こんな風に「私は」を主語に書き直してください。そしてもうすでに理想の女性になったつもりでこれから過ごしてみてください。

⑤ここで理想の女性になるために始めたいと思っていることはありますか？

何か感じたことはありますか？　書き出してみてください。

⑥その感じたことを、できそうなものからできる範囲でやってみてください。

♡上手くいかなかったのは知らなかっただけ。あなたの理想がわかれば、王子様はようやくあなたを探しに来ることができるのです♪♡

あなただけの王子様を引き寄せるしくみ

今回は、あなただけの王子様を引き寄せるしくみを紹介します。運命の人というのは、実はたくさんいます。あなたが理想を書くと、その王子様があなたに向かってくる準備を始めるんです。でも、理想がぼやけていると、ぼやけた王子様が現れるんです。

私の例でいくと、私は相手の体型はあまりこだわりはなかったのですが、細い男性はあまり好きではないんです。でもあまりこだわりがないからと体型を書かなかったらひょろっと君がひょろっと現れた……！　ということがありました。でも他は理想通りだったんですよ！

このように「惜しい！」とならないように、それから細かく理想を書くようになりました。

私の場合は
＊食の好みが合う

＊タバコを吸わない
＊短くていいから毎日電話をくれる
＊ドライブに連れて行ってくれる

という条件が理想の条件の上位でした。まずは一番譲れない条件から書いてみてください。

他にも
＊どんなお家に住んでいる？
＊好みの服装は？
＊両親を大切にしてくれる人？

今思いつかなかったことも、後から色々出てくると思います。先程の理想の男性像にどんどん付け加えてみてください。こんな人いるの⁉　と思うかもしれませんが、あなたが理想を細かく書けば書くほどに運命の相手は絞られていって、本当のあなただけの王子様が現れるのです。

♡理想はもっと詳しく細やかに！　思う存分書いてしまえ～！　ぴったりの人が現れるから覚悟してね♪♡

理想の条件を書いたのに相手が現れない……、なんて焦らないでくださいね。

焦ったり、心配したりすると、王子様が来ることを信じていない状態になってしまい、途中で王子様が来ることができない状況を作り出してしまうんです。

しっかり信じないと逆効果です。

理想を書いたのだから必ず叶うのです。あなたがすることは、自分を輝かせていくこと。そしてこれがとても大切なんですが、王子様が現れたら一緒に何をしたいか？　どんなデートをしたいか？　そして結婚したらどんな2人でいたいかを想像して欲しいのです。

最初に理想の恋愛を書いてもらったのは、そのためです。

あなただけの王子様はあなたが心から輝いた時に恋をする

あなたが毎日を自分らしく楽しく過ごしていると、不思議と人のことが気にならなくなってきます。好きなことを楽しんで、一人だけの時間を充実させることができるようになると、パートナーがいないことが気にならなくなってきます。

毎日リラックスして、毎日楽しめていると、心にも余裕が出てきます。不思議なことに、あなたがいるだけで、周りがなんだか癒やされたり、思わず笑顔になったりします。

あなたがすることは今日一日を楽しむこと。そして自分を愛すること。それから家族や仲間を大切にすること。ただそんな幸せな毎日を繰り返す。特別な自分にならなくても、いつも幸せを感じられる自分になれば、あなたが心から輝くのです。そんな幸せそうな美しいあなたに吸い寄せられるように、自然と王子様は引き寄せられてきます。あなたがそのままで輝き始めるとあなたの王子様に恋の魔法がかかるのです。

すっぴんの恋はモテる

あなたにも経験がありませんか？

全くタイプでない人や友達だと思っていた人から、いきなり告白されることはあるけれど、好きな人にはモテない。

これは、結構よく聞くお話ですね。


そんな人は、好きな相手には合わせないと愛されない。そう思っていませんか？

相手のことを好きになってしまうと、「ありのままの自分をさらけ出してもいいのかしら？」という問題に突き当たってしまう。いい自分を相手に見せたいから、いい自分を演じてしまうのです。でも、相手からすると、それって、違和感しかありませんよね。その違和感は、相手に選ばれたいという気持ちがそうさせてしまっているのです。選ばれたって、関係は上下関係から始まります。それは良い関係とはいえません。


そんな私も、以前お付き合いしていた彼の仕事が忙しく、疲れている様子を見ると、言いたいことが言えず我慢していたことがありました。そうすると、それは苦しいし、ある日突然、怒りが爆発してしまいました。

言いたいことが言える相手と我慢してしまう相手、どちらが良い関係を作ることができると思いますか？　どちらがありのままの自分でいることができますか？　答えは簡単ですね。

お互い言いたいことが言えるのが理想ですが、まずはあなたから、すっぴんの恋愛を始めてくださいね。

♡すっぴん恋愛はあったかいお風呂みたいに心地良い温度。
だから、いつまでも末永くお付き合いしていきましょうね♪♡

愛のバロメーターを大切に！
あなたの愛のタンクを満たすコツ

世間では「自分を愛しましょう！」そういわれていますが、その自分を愛する意味が私は全くわかっていませんでした。よく、手紙の最後に「ご自愛ください」そう書いてあるので「体調に気をつける」という意味だと思っていたくらいです。笑

私はある時、自分を大切にしているかどうかを測るバロメーターが、存在することに気がつきました。それは自分自身の気持ちです。自分が良い気分♪　トキメく♪　なら自分自身を大切にできているサイン。逆になんだかイライラしたり嫌で嫌で仕方がない、といったモヤモヤする気分は自分を大切にできていないサイン。

そんなモヤモヤサインが測定されてしまったら、すぐに嫌の原因を見つけてあげます。大切な自分に「本当はどうしたい？」そう聞いてみてください。

本心で「なんだか疲れたよ」なら、仕事が今日は忙しくて、お茶を飲んだりランチもちゃんと食べられなかったからだ。

←

本当はどうしたい？

←

マッサージしてもらいたい

←

マッサージにいく

←

ニコニコ♪

こんな風に、イライラ気分を長く放置しないことが大切です。

あなたの気持ちが良い気分♪　でいることが愛の鍵を手に入れる方法。こまめに自分の気持ちに気を配ることが、自分を愛するということです。

自分の好きに素直になると、どんどんと夢が溢れ出します。「未来」って遠いことのように見えるけれど、今のこの瞬間から繋がっています。誰にも未来なんてわかりませんが、一日一日が重なっていって作り出されるものですよね。だから、たくさんの経験を重ねていけば、必ず、自分の本当に見たかった未来は見えてきます。

Last Key

夢が叶えば、もう、人生思い通り！
次のステージへ！
新しい扉を開く鍵

第6章

今が満たされると次のステージの扉が開く

「仕事を辞めて、早く専業主婦になりたい」
「いや、この際だから好きなことで起業したいな……」
「もう、こんな歳になってしまった……」
「まだ、結婚もしていないのに……」

私のOL時代は、こんな口癖のオンパレード。満員電車に揺られて、ため息をつきながら通勤していました。仕事はクレーム対応の部署で、いつもクレーマーとの戦いの日々。入社した当初は会社に行くのが恐怖で、「今日は何を言われるのだろう……」「変な人から電話がないといいけど……」と毎日、不安な気持ちを抱えながら怯えていたのを覚えています。そんな時は、もう、心が泣いていました。けれど、長年続けていると、感情が麻痺してくるんですね。心は疲れて傷ついているけど、その感情に蓋をするように何もなかったかのように振る舞っていました。

5時を過ぎると、「今日もなんとか終わった……」

会社帰りは、お洋服が大好きなので、帰りに洋服を見に行ったり、洋服のクリアランスセールは必ず行っていました。でも、楽しみといえばそれくらい。もう、また明日の仕事のことを考えるとため息しか出ない。私の会社生活は、そんな単調な生活の繰り返しでした。

でもある時、どうしてだかわからないけど、ふとこんな思いが私の頭をよぎったんです。

「いつの間にか、私は後輩もできて指導する立場になった。職場の皆は良い人だし居心地も良くなってきたし……。まあ、定時で帰れるし、私よく考えたら幸せかも……。いや、充分幸せ！　だから、もうちょっとこの仕事を頑張って続けてみよう！」

そんなことを考えた数日後に、私に転機が訪れました。

それは、10月という異例の人事異動でした。自分には全く関係ないと思っていたのですが、人事から異動の話を聞いた時は、びっくり。突然のことで寝耳に水。えーっ！　今からまた新しい部署に⁉　驚いた気持ちと、また新たな人間関係を築かなくてはいけないことに、とてもプレッシャーを感じて、落胆しました。

その時思ったことは、「私はどうしてここにいるのだろう？」ということ。そしてどうしても、ここで働く自分が想像できなかったのです。

今、思うとこの時、自分の人生を初めて真剣に考えたのかもしれません。自分の本当の人生を生きたいのか、それとも、今までの延長の嫌な人生を選ぶのか、どちらにするのかと、選択を迫られたようでした。ずっとこのまま会社に居続けるの？　このままの人生でいいの？　私はもう、今この世界から飛び出さないと、一生この延長線上の人生を送り続けることになる。自分の人生を生きるために、変わるなら今しかない！　どこからかメッセージが聞こえたようでした。

それが、次のステージの扉が現れた瞬間でした。

どんな単調な生活をしていても、毎日色々ありますよね。

もうちょっと給料が多かったらいいのに……
嫌いな上司と会社で顔を合わせると思うと毎日憂鬱……
同僚と性格が正反対でなんだか合わない……
私がもうちょっと〇〇だったら……

数え出したら、限りなく出てきませんか？　でも、ちょっと考えてみてください。本当にそうでしょうか？　口から「足りないこと」ばかり出てきた時は、今日から、少しだけ違う角度で自分を見てみませんか？　最初は違う角度で見ることができなくても、いつか見つかるはずです。

・親が嫌だと思っていたけど、自宅から家に通うことができて幸せ
・私だけ独身だと思っていたけれど、独身なので、自由に時間を使うことができるから

幸せ

・今日は、すごく素敵な場所にランチに連れていってもらった！

こちらも考えたら切りがないくらい出てくると思うのです。

だから、現状に不満がある時や、行き詰まりを感じる方は、違う角度から一度自分のことを見直してみてください。わからない時は、友人に聞いてみるのもいいと思います。必ずいいところはあります。だから、今日から一つでもいいので、探してみてくださいね。

それに、女性は不満でいっぱいの顔をしているより、明るく幸せだと言っている方が可愛くて魅力的ですよね。今の自分が一番だと言えた時。そんな時はきっとステージがアップする時です。あなたが、夢に向かって、次のステージへ進む時なのです。

トキメく未来を描いて、さぁ、あなたのステージの鍵を見つけよう！

思い通りの仕事に就きたい。理想のパートナーが欲しい。思い通りの素敵なお家に住みたい。

思い通りの人生を生きられる。そんな、魔法が使えたら……。私はずっとそう思っていました。でも、今はどんどん理想に近づいてきています。その理想に近づくためにしていることが、「先にトキメく未来を描く」ということです。先にトキメく未来を描くというのは、いつも自分の叶えたい夢を具体的にイメージしているということです。

これは、神様にオーダーするとよくいいますが、実際には潜在意識に刻み込むということです。まさに神様にオーダーするような感覚と考えていただくとわかりやすいと思います。

どんな風にオーダーするかというと、例えば、食事に行って、私はハンバーグにします。そう伝えないと、レストランでもお料理の作りようもないですし、ソースもデミグラスソースがいいのか、それとも和風がいいのか決めないと、シェフが料理を作り始めることもできません。そんな風に具体的にオーダーするように描いてみてください。

あるモデルの方がこうお話をしてくださいました。最初に理想の体型をイメージしてから鏡を見ながら筋トレをしたり、食事制限などをして身体を作り始めるのだそうです。その完成形をイメージしておかないと、そこのゴールには辿り着くことすらできないそうです。

つまり、先に「理想の未来を描く」ことをしっかりしてください。

理想の状態を描かず、やっぱりこっちの方が良かったかな……。どうしよう……、やっぱりこっちにしておけば良かったかな……、なんて状態だと、タイムオーバーになって、叶う夢も叶わなくなってしまいます。

せっかく夢を叶えることができる可能性があるのに、それでは大変もったいないです。

トキメキながら、いつも自分の未来をイメージすることができ、それを伝えることができたら、いつでも夢は叶う状態にありますよ。このステージに立てば、あなたの人生は思い通りです♪　さぁ、思いっきり扉を開けましょう！

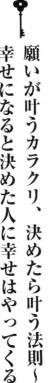

願いが叶うカラクリ、決めたら叶う法則～幸せになると決めた人に幸せはやってくる～

夢というのは、無理をしても、近づいてはきてくれません。むしろ躍起になって追いかけるほど、逃げていってしまいます。軽やかで楽しそうな人は優先的に、夢を叶えてもらえる傾向があります。いわゆる、ワクワクやトキメく毎日を送っている人が優先されるのが現状です。なんだか知らないけれど、ワクワクしているとエネルギーがみなぎってきて、やれる！　と自分のことを信じられるようになります。どんどんイメージが膨らんで、面白い予感を感じられるようになってきます。そしたら夢が叶うのも時間の問題。理想の未来を描くと、必要な出会いやチャンス、仕事や恋も、なぜか向こうからやってくるようになります。

望む現実へのチャンスが来たら「決める」ことで現実になるんです。「決める」とはその夢や願いを叶えるために、あなたにもしかしたら起こるかもしれない不都合なことも全部受け入れるという「覚悟」のことです。

どんな理想でも「叶う」という前提で前向きに行動していても不安が出てきてしまったり、立ち止まったりすることもあると思うんです。成功者になりたかったら成功者として振る舞う。作家になりたかったら作家として振る舞う。

「理想の自分ならどうする？」を考えて、先にその理想の自分になりすます。私はその夢を叶えて当然の存在だって思って決めたら、必ずそうなるようにできているのです。

だから、「先に決める」←
「そうなって当然」←
「もう叶っている自分になりすます」

↓
「いつのまにかそうなっている」
というのが夢が叶うカラクリになります。

魔法の言葉を心の中でそっと唱えてみて

この言葉の力に気づいたのは、本当につい最近のことです。ある日、4歳になったばかりの姪が、少し落ち込んでいる私に気づいて、この言葉を何度も言ってくれたことがあります。姪に電話すると、不思議なのですが、明日の仕事に緊張している時は、なぜかいつもこの言葉をくれます。とてもシンプルなのに私に勇気と安心感をくれる言葉。仕事の前は、いつも自分にこの言葉を伝えます。

「大丈夫！」と。

あなたも「大丈夫」と何度も声に出して、あなたの心をホッと安心させてあげて欲しいのです。嫌なこと、不安なことを考えてしまいそうになってしまったら、何かワクワクして、トキメくことを考えてみてください。大丈夫、あなたは必ず幸せになれるから。落ち込んでしまった時は、自分に何度も言ってあげてくださいね。きっと大丈夫だから。

神様は天才脚本家～起こっていることは全て必然～

神様はミラクルで、しかもドラマティックな脚本で、あなたの夢を演出してくれます。あなたが夢を決意すると、神様は登場人物を次々と用意して、あなたの夢が叶うまでのストーリーを書き始めてくれます。それが本当にドラマティックで、とても斬新な方法なので、神様は天才脚本家だといつも思うんです。

以前、友人から待ち合わせの時間に10分くらい遅れると連絡がありました。それならと思って、待ち合わせのお店の近くの本屋さんに入ったことがあります。その時に読んだ内容がまさに、探していた内容のものだったんです。

どうしてなのか不思議なのですが、前に読んだはずの本もその時読んでみると、今必要な情報が、ベストなタイミングで入ってくることがよくあります。どんな出来事も神様からのプレゼントだと思うと、起こっていることは全て必然であり、人生に無駄なものや無駄な時間はないんですね。

進むべき道は自分の心が知っている
～あなただけの幸せの定義を決めよう～

ありのままの自分を大切にして、トキメキや直感に従って進んでいくことで、私が一番感じたかった気持ちは、「安心」という感情だと気づきました。クレームに追われる仕事をして、戦いの毎日を送るのではなくて、私は、人の幸せな笑顔を見ることが喜びなのだとわかったのです。

だから、いきなり仕事を辞めなくても、部署異動をお願いしても良かったのかもしれません。もう一度企業に就職して、幸せな笑顔が見られる仕事を探しても良かったのかもしれません。ただ一つ言えることは、「正解」は一つじゃないということです。

あなたが今まで嫌だった仕事も上手くいかなかった恋も、自分の本当にやりたかった仕事や本当に幸せを感じられる相手に気づくためにあったのです。そう、進むべき道はちゃんと自分でわかっているのです。

♡今までの経験はその場所に必ず辿り着くためのもの。あなただけのかけがえのない宝物♡

あなたが主役のハッピーストーリーを作ろう♪

毎日、トキメキのワークをしながら、

「楽しい♪」

「嬉しい♪」
「幸せ♪」
「キュン♪」

こんないい気分になれることを、どんどんやってみましょう！　自分を喜ばせてトキメいて……ありのままの自分を大切にしていくと、いつも幸せな感情が続くようになります。そこで次にご紹介するワークをぜひやってみてください。

このワークはあなたが描いていた通り！

いやそれ以上の素敵な彼に出会ったり、素敵な仕事に巡り合うことができる。
夢が叶うワークです！

✿願った以上の未来を叶えるワーク

さぁ、このページに、あなたの夢の物語を描いてみてください。
ここに書いた夢は必ず叶います！　あなたは最高のパートナーと最高の仕事に恵まれています。

仕事

①あなたはどんなことを仕事にしていますか？

②あなたはどんな場所で働いていますか？　職場はどこにありますか？

③お客さま・クライアントはどんな方ですか？

④何時から何時までの仕事ですか？

恋愛

①あなたと旦那様（パートナー）は、どこにいますか？
海が見えるレストランもしくは自宅ですか？

②旦那様（パートナー）は記念日にどんなサプライズをしてくれますか？
真っ赤な薔薇の花束？　アクセサリー？
素敵なレストランでディナーですか？

③もしかしたら、赤ちゃんが生まれているかもしれませんね？
赤ちゃんは男の子ですか？　女の子ですか？
旦那様（パートナー）とあなたのどちらに似ていますか？

このページが完成したら、しばらく毎日、どこかの時間で眺めるようにしてみてください。ありありと想像できるようになってきたら、いつの間にか、この夢が叶うのです。

✤3年後のあなたからのメッセージワーク

あなたの夢がもう全部叶っている、3年後のあなたから、今のあなたに伝えたいメッセージがあるようです。心を静かにして、目の前の夢を叶えた3年後の自分に、こう問いかけてみてください。

「今の私に伝えたいことは何?」そして、こう付け加えてみてください。「この夢を叶えるには今、何をしたらいいと思う?」3年後のあなたからのメッセージは、どんなものでしたか? このページに書いてみてください。

Last Key

夢が叶えば、もう、人生思い通り！
次のステージへ！　新しい扉を開く鍵

さぁ、とびっきりのあなたに会いに行こう

自分らしく、楽しく仕事をしている人は特別なのでしょうか？　素敵な恋を叶えた人は特別なのでしょうか？　いいえ、そんなことはないのです！

あなたも扉を開ける鍵があれば、素敵な恋も仕事も、次はあなたに訪れるのです！

「私は仕事に自信がないし……」

「私は美人ではないし……」

そんなことはもう考えなくなりましたね。そう、あなたはあなたのままで、恋も仕事も上手くいくし、運も味方してくれているんです。

「今の私には絶対に無理」という憧れの仕事や恋も、欲張りに望んでもいいんです！

さぁ、そのステージに行きましょう！

実はこのステージには扉があります。その扉を開くには鍵が必要です。あなたの世界はあなたの鍵しか開きません。そう、とびっきりの世界に行くには、皆、同じ鍵では開かないのです。

あなたが扉を開いた世界はあなただけのもの。

あなたが主役の人生なんです。

そして、その扉を開く鍵は、「あなたの夢が叶った気持ち」です。夢が叶って、あなたが本当に嬉しくて、感激して涙が出てしまうくらい幸せな気持ちのことです。その「幸せな気持ち」が、とびっきりのあなたに出会わせてくれる鍵なのです。

この気持ちをあなたが感じ始めると、夢への道があなたの前に現れます。

そして、いつも幸せな気持ちを感じていれば、どんどん扉が近づいてくるのです。そうしているうちに、扉が開いて、あなたの夢のステージに上がることができるのです！

だから、夢の仕事を叶えたい時、素敵なパートナーと幸せになりたい時は、「幸せな気持ち」を心がけてみてください。

パートナーを見つけるために、婚活を必死で頑張るよりも、転職活動を鬼のようにやることよりも効果的な方法です。夢が叶う日は、ある日突然にやってくるのです♡

あとがき

たくさんの本が出版されている中、この本を手に取り、最後まで読んでくださってありがとうございました。

テストでは100点を取らなければいけない……。

いつも笑顔でいなければいけない……。

幼少のころから、「ねば子」「べき子」だった優等生の私が、あるベストセラー作家の一言「君には手錠がかかっているよ」から、本当の自分に出会い、タレントの仕事をするようになるまでの、夢の叶え方の本を書かせていただきました。いかがでしたか？

夢を叶えるエッセンスを少しでも受け取っていただけていたら嬉しいです。

今年は新型コロナウイルス一色で景気は下がり、気軽に食事に行ったり、旅行に行くことも制限され、ストレスを感じていらっしゃる人も多いと思います。しかし、これからどうなっていくかと考えた時、心許せる人と付き合い、自分が本当に好きなことを仕事にしていく、そんな世の中になっていくと私は考えています。
見栄やはったり、表面的なお付き合いなどは、もう通用しないと思います。将来の安定なんて誰にもわからない時代になってきたからこそ、一人ひとりが自分にとっての幸せを見つけて、本当の心に沿う生き方を見つけていくことが大事だと思っています。
そして、まだまだ叶えたい夢があります。これからです。皆さんと一緒に頑張っていけたらと思っています。

本を読み終えた今、あなたはどんな未来を思い描いていますか？

その未来はもうすでにあなたの理想の未来に続いているのです。どの世界を生きていくのかはその人によって違います。一歩踏み出すと次々とミラクルが起こる。いつも想像を超えているから、本当に人生って面白いんです。

「自分の世界は自分が創り出す」

この言葉をいつも思い出してください。そしていつも自分の心に正直でいてください。そうすれば、きっと素敵な世界の扉が現れます。今のあなたならきっとその鍵は見つかるはずです。あなたに一番ふさわしい扉が開かれ、気づいたら見たこともない景色を見ている自分に、あなたはきっと驚くでしょう。さあ、最高の未来を、今ここから始めてみてください。

最後に、この本を書くにあたり、恋人のように連絡をくださった編集者の岡田淑永様、いつも大きな心で私の気持ちを尊重してくださる、みらいパブリッシング副社長の田中英子様、みらいパブリッシング代表取締役社長の松崎義行様、そして、本書ができる最後まで優しく的確なご指導をくださったJディスカヴァーの城村典子様。

そして、本書の制作に関わってくださった全ての方々に御礼を申し上げます。

ありがとうございました。

堀田真代

堀田真代 Mayo Hotta

タレント（ＮＴＢ所属）
司会、MC、リポーター、ラジオパーソナリティ
野菜ソムリエ、ファッションプロデューサー

1980年愛知県生まれ。

大学法学部を卒業後、金融系大企業に就職して会社員を続けるも、本当の自分の道を見つけたいと退職。

知人のラジオ番組にゲスト出演した事がきっかけで36歳でタレント事務所に所属。

念願のタレントデビューを果たす。

現在は、ラジオパーソナリティやお料理アワード審査員、CMやMCと多方面で活躍中。

アメブロでは、日々の出来事だけでなく、年齢を重ねても美しくあり続ける方法などを更新している。

趣味は茶道、書道やショッピングなど。

堀田真代ブログ	https://ameblo.jp/beautifulmayoyo
Instagram	mayoyo.13
Youtube	www.youtube.com/channel/UCVrPCM47reqXrGunjMbHvig

ファンレターの宛先
〒460-0008
愛知県名古屋市中区栄3-15-4　サカイ栄ビル6階
株式会社NTB 堀田 真代宛

購入者特典

この本を購入してくださった皆様に特別に購入者の特典をご用意させていただきました。

ご活用いただけたら、幸いです。

・10冊以上購入してくださったお客様に、
　あなただけの特別メッセージを用意しました。

・30冊以上購入してくださったお客様に、
　写真にサインをしてプレゼントいたします。

・100冊以上購入してくださった個人のお客様に、30分×2回、ズーム(Zoom)にて夢を叶えるご相談にのらせていただきます。

・100冊以上購入してくださった法人のお客様に、2時間、イベント等の司会をさせていただきます。

mayohotta.official@gmail.com に、購入した書店のレシートを写真に撮ってお送りください。確認後、ご連絡させていただきます。

心《こころ》の鍵《かぎ》を外《はず》したら、恋《こい》も仕事《しごと》も思《おも》い通《どお》り

私《わたし》、会社《かいしゃ》辞《や》めてタレントになりました

2020年11月14日　初版第1刷

著　者　堀田真代

発行人　松崎義行

発　行　みらいパブリッシング

〒166-0003 東京都杉並区高円寺南4-26-12 福丸ビル6 F
TEL 03-5913-8611　FAX 03-5913-8011
HP https://miraipub.jp　MAIL info@miraipub.jp

企画協力　Jディスカヴァー

企　画　田中英子

編　集　岡田淑永

ブックデザイン　洪十六

発　売　星雲社（共同出版社・流通責任出版社）

〒112-0005 東京都文京区水道1-3-30
TEL 03-3868-3275　FAX 03-3868-6588

印刷・製本　株式会社上野印刷所

ISBN978-4-434-28192-1　C0036